Kerstin Diacont
Sonja Weber

Klassische Arbeit an der Hand

Für starke und gesunde Pferde

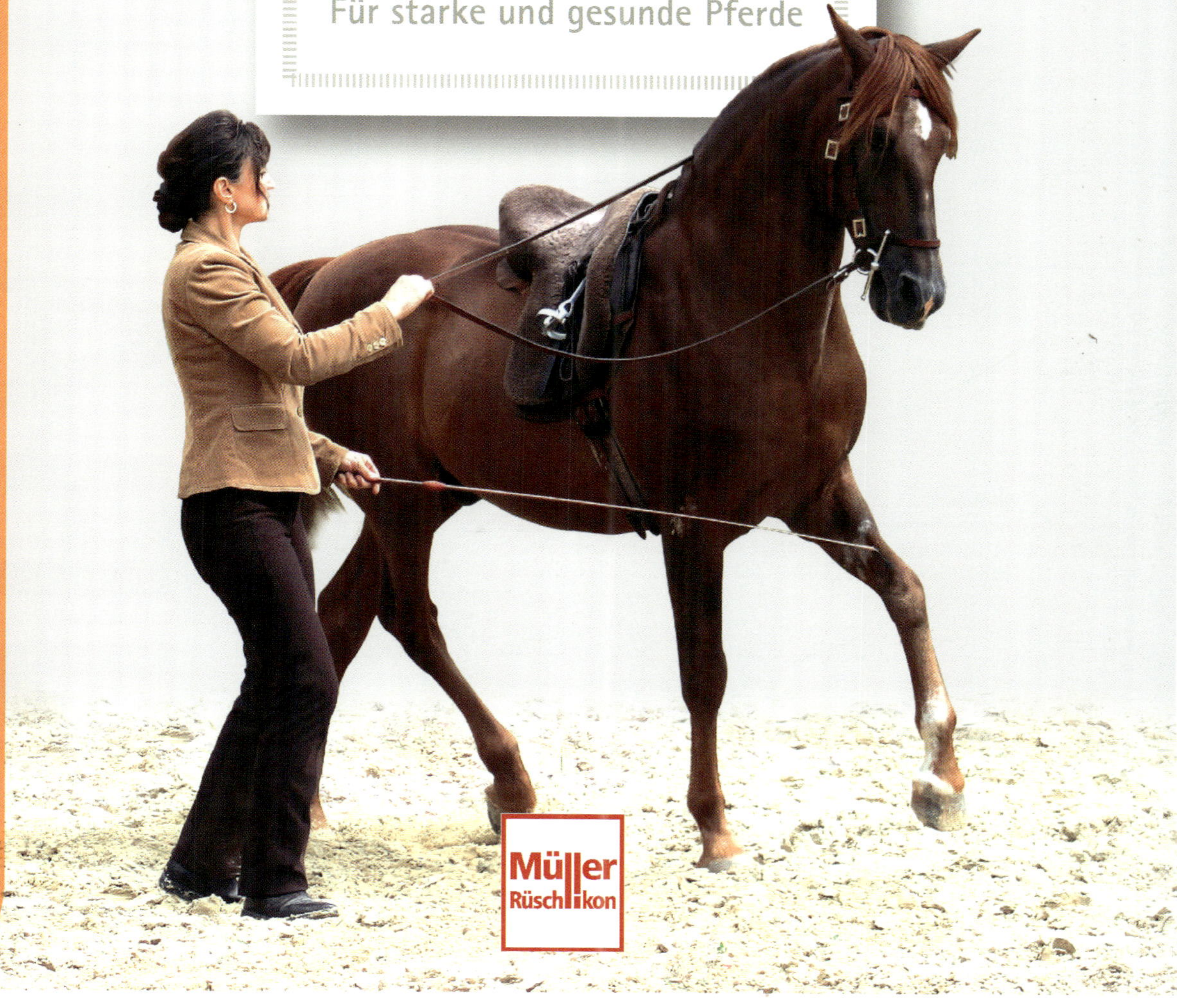

Müller Rüschlikon

IMPRESSUM

Einbandgestaltung: R2 I Ravenstein, Verden

Titelfoto: Kerstin Diacont
Bildnachweis: Fotos: Ingmar Maurer, außer: Suse Capelle S. 7 li, 14 li, 18, 27, 89 unten – Kerstin Diacont: S. 20, 25 unten re, 40, 46 oben re, 66 unten re+li, 80, 82, 88 unten re, 89 oben – Archiv Diacont: S. 11, 14 re, 17, 19, 20, 26 unten, 29, 38, 44 Mitte, 58 unten, 67, 86 Mitte+unten, 94 li – Sabine Grosser: S. 7 re, 13 oben, 24 li, 26 oben, 78 unten, 87 li, 90 li, 94 re – Svenja Homann-Koch: S. 4, 87 oben – privat: S. 36 Grafiken: Kerstin Diacont: S. 8, 13, 15, 59, 71, 72, 74, 75, 84

ISBN 978-3-275-02125-3

Postfach 103743, 70032 Stuttgart
Ein Unternehmen der Paul Pietsch Verlage GmbH & Co. KG

5. Auflage 2026

Sie finden uns im Internet unter www.mueller-rueschlikon-verlag.de

Lektorat: Claudia König
Innengestaltung: Kerstin Diacont
Druck und Bindung: DZS Grafik d.o.o., 1210 Ljubljana
Printed in Slovenia

www.instagram.com/muellerrueschlikon.pferd
www.facebook.com/muellerrueschlikonverlag

INHALT

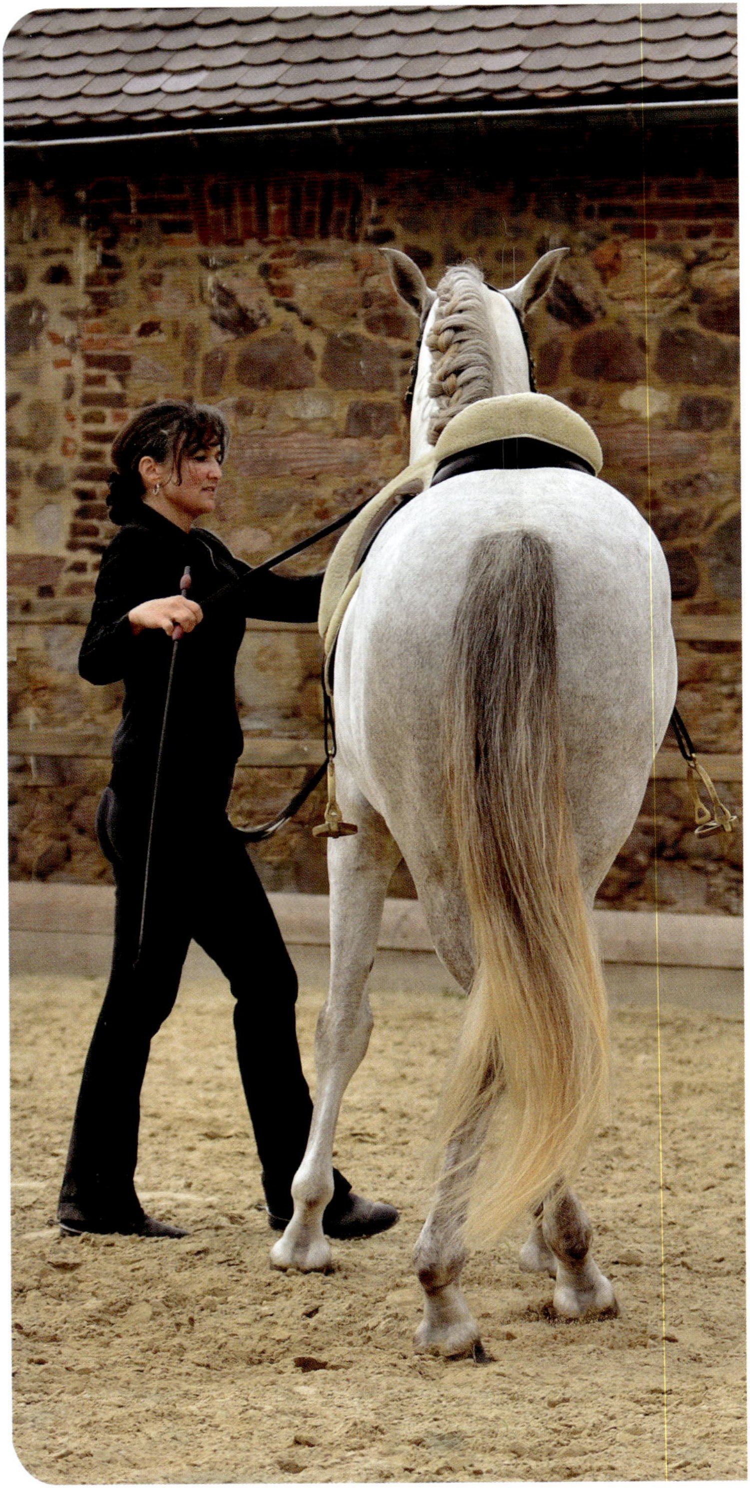

Einleitung

In diesem Buch wird die klassische Arbeit an der Hand als eine Grundlage und beispielhafte Vorgehensweise in der Reitpferdeausbildung dargestellt. Sie hat hierzulande in den letzten Jahrzehnten eine eher untergeordnete Rolle gespielt, rückt aber wieder vermehrt in das Interesse der Reiter und Pferdebesitzer, die auf der Suche nach alternativen und pferdegerechten Ausbildungsmethoden sind.

In Teil 1 stellen wir kurz den Zweck der klassischen Arbeit an der Hand dar. Insbesondere gehen wir in diesem Teil auf wichtige generelle Grundprinzipien der Pferdeausbildung ein. Werden diese ernst genommen, wird nachvollziehbar, warum wir die klassische Arbeit an der Hand als eine wichtige Grundlage und Begleitung der Reitpferdeausbildung ansehen.

In Teil 2 beschreiben wir die praktische Ausführung anhand wichtiger Übungen in Text und Bild. Auch wenn die ausführlichen praktischen Anleitungen zum Nachmachen und Ausprobieren dienen, ersetzen diese keinesfalls die Begleitung der Pferdeausbildung durch einen erfahrenen Trainer. Da dieses Buch ein Grundverständnis für gesund erhaltendes Training vermittelt, unterstützt es auch bei der Auswahl geeigneter Methoden, Ansätze und Trainer.

Teil 1

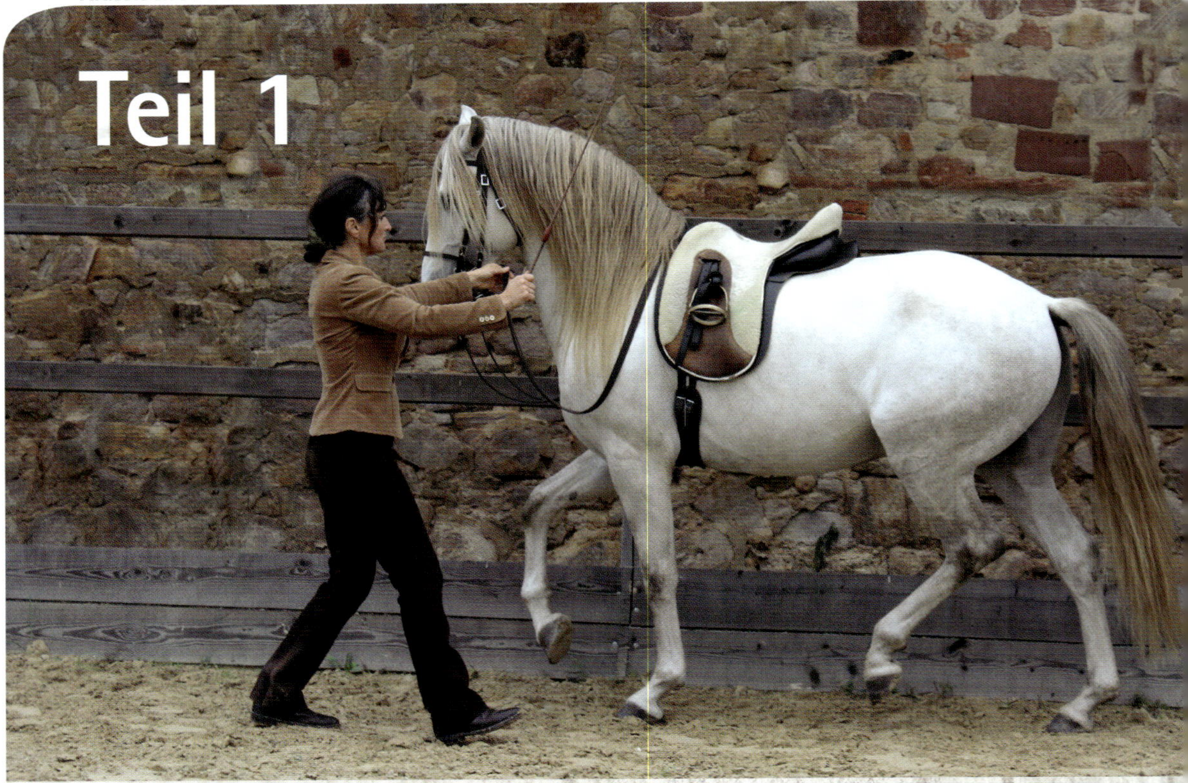

Klassische Arbeit an der Hand
für pferdegerechte Ausbildung

Wozu dient die klassische Arbeit an der Hand und was benötigt man für sie?

Die klassische Arbeit an der Hand ist eine vorbereitende und reitbegleitende Arbeit, die dem Pferd ermöglicht, ohne »störendes« Reitergewicht die richtige Haltung für seine »tragende Rolle« als Reitpferd zu finden.

Der Mensch nimmt vom Boden aus Einfluss darauf, **was** das Pferd tut und vor allem **wie** es etwas tut. Gehorsam, Reaktionsbereitschaft, die zum Tragen eines Reiters nötige Muskulatur und eine funktional richtige Haltung können bei der Arbeit an der Hand entwickelt werden (»funktional richtig« bedeutet, dass Bewegung und Haltung des Pferdes sowohl an seine Natur als auch an seine tragende Rolle angepasst ist). Auch neue Lektionen unter dem Reiter können zuerst an der Hand vorbereitet werden.

Ein wesentlicher Anfangspunkt der Arbeit an der Hand ist die Beziehungsklärung zwischen Pferd und Mensch mit den Schlüsselbegriffen Respekt und Vertrauen.

Erst eine **vertrauensvolle Mensch-Pferd-Beziehung** schafft die Grundlage einer guten und deutlichen Kommunikation. Nur, wenn das Pferd zweifelsfrei versteht, was der Mensch von ihm will, kann es so ausgebildet werden, dass ein sicherer und harmonischer Umgang möglich ist.

Die Ausbildung an der Hand mobilisiert und entspannt das Pferd und hilft langfristig dabei es zu versammeln. Ein gewisser Versammlungsgrad des Pferdes ist eine wichtige Grundvoraussetzung, um das Reitpferd gesund und bis ins hohe Alter reitbar zu erhalten. Unter Versammlung verstehen wir die **Entwicklung von Trag- und Federkraft**. Sie entsteht, wenn das Pferd beim Reiten durch und durch beweglich, besonders im Rumpf, arbeiten kann. Die Kräfte, die entwickelt werden sollen, sind eher **vertikaler** Natur und weniger die horizontalen Schubkräfte.

Pferd an der Hand in der Piaffe, einer wichtigen Übung für die Versammlung. Lusitano-Hengst »Marialva«, 12-jährig.

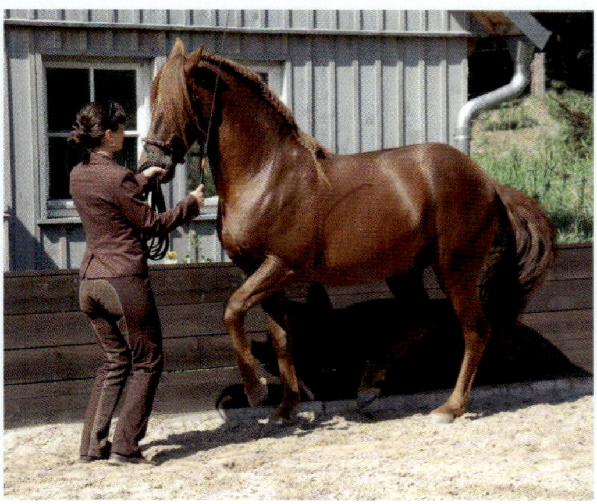

Eine vertrauensvolle Mensch-Pferd-Beziehung ist die Grundlage für jede Arbeit. Lusitano-Hengst »Finito«, 4-jährig.

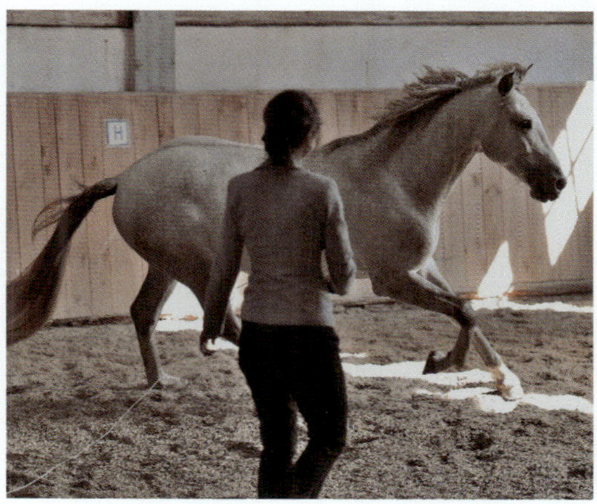

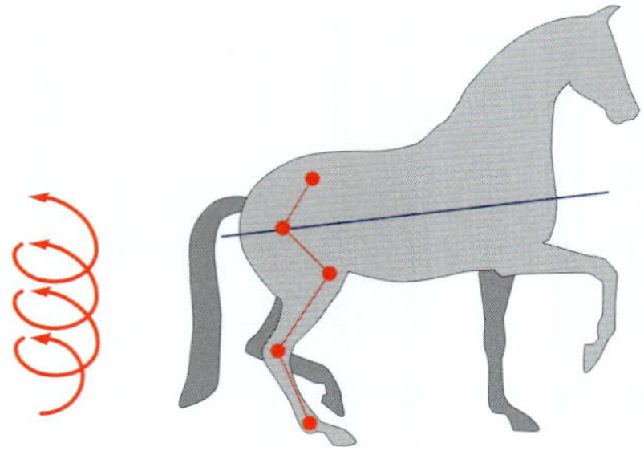

Die Federwirkung der Gelenke in der Hinterhand bei gebeugten Hanken.

Natürlich muss nicht jedes Pferd eine Galopp-Pirouette oder Passage lernen, aber ausbalancierte Grundgangarten unter dem Reiter mit freier Schulter und in einer gewissen Hankenbeugung sollten schon für jeden verantwortungsvollen Reiter das Ziel sein. Unter Hankenbeugung ist zu verstehen, dass das Pferd seine Hinterhand in allen (Hanken-)Gelenken federnd verwendet – ein nicht ganz leicht zu erreichendes Ziel. Ein solches »vertikal ausbalanciertes« Pferd ist zudem deutlich bequemer zu sitzen und leichter und harmonischer zu kontrollieren als eines, das mit viel Schub zu sehr vorwärts geht und sich auf den Schultern abstützt.

Versammlung bedeutet auch die Konzentration aller Kräfte im Pferd – der körperlichen ebenso wie der geistigen. Harmonie und Ausgeglichenheit sind Bedingungen, ohne die man nicht von Versammlung sprechen kann.

Folgende Hilfsmittel stehen dem Menschen in der Arbeit an der Hand in seiner »führenden Rolle« zur Verfügung:

- die Körpersprache: Gesten, Haltung, Bewegungsrichtung, Position im Raum im Verhältnis zum Pferd
- die Stimme und verbale Signale (die das Pferd mit der Zeit verstehen lernt)
- der Kappzaum oder der Trensenzaum mit Gebiss (später auch der Kandarenzaum)
- die Gerte, fürs Longieren auch die Longierpeitsche
- mentale (Vorstellungs-)Kraft und innere Bilder von einem klaren Ziel, einer Idee, wie das praktisch Umzusetzende aussehen soll

Zudem sollte ein abgegrenzter »Arbeitsraum« (Halle oder Reitplatz) mit griffigem Boden zur Verfügung stehen. Dabei ist wichtig, dass zumindest ein Stück Bande (oder eine als Bande brauchbare Wand bzw. ein Zaun) vorhanden ist. Das Pferd muss ganz nah an diese herangeführt werden können – eine Begrenzung erfahren –, ohne dass es sich an ihr verletzen kann.

Wann und für wen ist die Arbeit an der Hand sinnvoll?

Kurz gesagt: für jeden Reiter oder Pferdebesitzer und für jedes Pferd – egal welchen Alters oder welcher Rasse. Natürlich müssen die Anwendungen zu dem Zweck und der Ausbildungspraxis passen, welche das Pferd weiter erfahren soll, damit nicht zu große Widersprüche für Mensch und Pferd entstehen.

Da das Pferd nicht durch das Reitergewicht belastet ist, ist diese Arbeit besonders für junge Pferde gut geeignet. Aber auch bei Pferden, die schlechte Erfahrungen mit dem Reiten gemacht haben, kann die Arbeit vom Boden die Vertrauensgrundlage wieder herstellen. Darüber hinaus ist es für jedes Pferd leichter, eine neue Bewe-

gung ohne Reitergewicht zu erlernen, und später kann diese unter dem Sattel »nachgeritten« werden. Allerdings gibt es auch Übungen, die aus dem Sattel besser und effektiver ausgeführt werden können und sollten.
Für Pferde, die aufgrund gesundheitlicher Beeinträchtigung oder höheren Alters schonend gearbeitet werden müssen, bietet sie eine ideale Arbeit, um Vitalität von Körper und Geist zu erhalten. Voraussetzung für ein positives Ergebnis der Arbeit ist allerdings, dass die Arbeit an den jeweiligen Menschen und das jeweilige Pferd mit all seinen Stärken und Schwächen und die aktuelle Situation angepasst wird.

Das Grundprinzip »equizentriert«

Mit equizentriert ist gemeint, dass die Bedürfnisse des Pferdes im Mittelpunkt der Entscheidungen stehen. Das Pferd ist uns ausgeliefert. Wir sind für sein Wohlergehen verantwortlich und wir müssen in der Lage sein, zu entscheiden, was ihm gut tut. Dazu müssen wir wissen (oder lernen), wie sein Bewegungsapparat und seine Psyche funktionieren und wie wir ihm unsere Wünsche mitteilen können. Und wir müssen die Grenzen der Leistungsfähigkeit erkennen, um das Pferd nicht zu überfordern.
Auch sollte uns bewusster werden, wie unser eigener Körper und unsere eigene Psyche funktionieren. Denn unsere Haltung und Körpersprache sind die wesentlichen Mittel, um das Pferd zu beeinflussen – das gilt am Boden wie im Sattel. Alle anderen sind zweitrangige Hilfsmittel. Lernen wir also, uns selbst und unsere kommunikativen Fähigkeiten einzuschätzen und zu entwickeln. Dabei sind die Pferde unsere Lehrmeister, denn sie reagieren automatisch »richtig«, d.h. erwünscht, wenn unser Input stimmt und sie die entsprechende Reife für etwas erreicht haben.
Da man sich selbst und seine (Ein-)Wirkung auf das Pferd schlecht beobachten kann, sollte die Handarbeit (genauso wie das Reiten) idealerweise durch **einen erfahrenen Ausbilder** angeleitet und korrigiert werden. Videos und Fotos der eigenen Körpersprache bei der Arbeit mit dem Pferd sind zudem hilfreich. Diese haben schon so manchem ein Aha-Erlebnis beschert, warum etwas gerade nicht funktioniert.
Das Gefühl des Menschen für das Pferd und die Arbeit sollte in seiner Entwicklung stets im Vordergrund stehen. Denn ohne Gefühl wird selbst die ausgefeilteste Technik wertlos.
In jeder Arbeit mit dem Pferd entscheidet das **»WIE«** und bisweilen auch das **»WANN«** über Erfolg oder Misserfolg des Geschehens. Und jede Arbeit mit dem Pferd benötigt viel Erfahrung und Übung. Deshalb empfehlen wir unbedingt, professionelle Unterstützung in Anspruch zu nehmen, selbst wenn dies Zeit und Geld kostet. Gelingt die Arbeit, spart man später beispielsweise Tierarzt-, Osteopathen- und Spezialausrüstungskosten. **Eine gute Ausbildung stellt den wichtigsten Faktor dar**, um einem Reitpferd ein gutes Leben zu ermöglichen und dem Menschen die Freude am Pferd und am Reiten zu erhalten. Dieses Buch soll grundlegende Zusammenhänge anschaulich machen und ein tieferes Verständnis für den Sinn und die Segnungen funktional richtiger Ausbildung vermitteln. Deshalb gehen wir

hier sehr ausführlich auf die Klärung allgemeiner Fragen zur Arbeit mit Pferden ein, die nicht nur die Arbeit an der Hand betreffen. Wir wollen Ihnen damit Kriterien an die Hand geben, mit denen Sie verschiedene Trainings-Methoden besser verstehen und beurteilen können. Und Ihnen eine Orientierung für die Richtung bieten, die Sie mit dem Pferd einschlagen.

Einer der Vorteile für den lernenden Reiter bei der Arbeit an der Hand besteht darin, dass er das Pferd besser beobachten kann als im Sattel. Arbeit an der Hand ist immer auch **Blickschulung**. Von unten kann der Mensch ein Bild davon entwickeln, wie sich ein Pferd harmonisch bewegt und wann »Störungen« im Bewegungsablauf zu sehen sind. Schaut er bei erfahrenen Ausbildern zu, kann er lernen, wie eine Übung genau aussehen soll, welchen Sinn sie hat, und was man bei Schwierigkeiten tun kann.

Schließlich kann der Mensch ein **inneres Bild** davon entwickeln, was er erreichen will, und hat so die Möglichkeit, seine **Ideal- bzw. Zielvorstellung** dem Pferd zu vermitteln. Denn das Idealbild im Kopf überträgt sich auf die Körpersprache des Menschen und hilft so dem Pferd, die Wünsche des Menschen besser zu verstehen. Das ist eine Vorgehensweise, die auch im Sattel hervorragend funktioniert, wenn das Idealbild mit dem »Idealgefühl« ergänzt wird.

Klassisch – was bedeutet das eigentlich?

An dieser Stelle möchten wir den erfahrenen, bekannten französischen Ausbilder Philippe Karl zitieren, der eine gute Definition für **»klassisch«** in der Pferdeausbildung gefunden hat:

»Die Reitkunst hat immer dann Fortschritte gemacht, wenn sie Gewalt durch Intelligenz ersetzt hat – indem sie Zwangsmittel abgeschafft und materielle Hilfsmittel vereinfacht hat, sich den Ursachen zugewendet hat, anstatt die Auswirkungen anzugehen, und die wahre Natur des Pferdes immer besser erfasst hat. Damit wird offensichtlich, dass die Bezeichnung klassisch allzu häufig auch dann verwendet wird, wenn die Begriffe typisch, traditionell oder konventionell vollauf genügen würden. Auf die Reiterei bezogen ist der Klassizismus eine Geisteshaltung, die sich über die Epochen, Grenzen und Spezialgebiete hinwegsetzt - ein zugleich ethischer und ästhetischer Anspruch im Dienste der Reitkunst. Er verwirft Bequemlichkeitslösungen, die auf Kosten des Pferdes gehen, in einem ständigen Streben nach Effizienz durch Sparsamkeit der eingesetzten Mittel. Er lehnt spektakuläre Effekte ab, widmet sich der Reinheit der Gänge und jenen Lektionen, die das Pferd verschönern und seine Langlebigkeit garantieren.« (Karl, 2006, S. 151)

Mit anderen Worten **klassisch** ist nicht einer Arbeitsweise, einem Land, einer Epoche oder einer Methode zuzuschreiben, sondern eher ein **Qualitätsmerkmal** aus der Perspektive des Respekts gegenüber der Reitkunst, der Natur und der Kreatur.

Nichtsdestotrotz finden hier etliche Inhalte aus der französischen Tradition Anwendung, besonders der von François Baucher (1796–1873). Er war seiner Zeit weit voraus und kann als ein Begründer der Osteopathie in der Pferdeausbildung

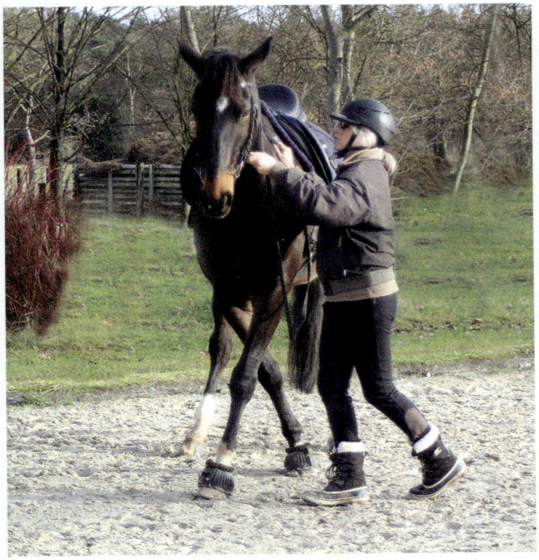

Klassische Ausbildung ist nicht an eine Pferderasse gebunden. Auch große Warmblüter, wie hier »Calvados«, können klassisch gearbeitet werden.

angesehen werden. Seine klare Vorgehensweise ist an das Pferdeverhalten besonders gut angepasst. Seine Methode ist – vorausgesetzt man kann sie **richtig** anwenden – besonders pferdegerecht.

Der österreichische Tierarzt Dr. Robert Stodulka hat eine ausführliche Abhandlung über die Methoden Bauchers aus tierärztlicher Sicht in seinem Buch »Das Phänomen François Baucher« verfasst und darin aufgezeigt, wie wertvoll diese sind. Leider ist Baucher bis heute hierzulande teilweise verpönt, und seine Ideen werden häufig bekämpft, wohl weil seine Vorgehensweise sich sehr wenig mit der hier üblichen deckt. Aber kaum einer, der darüber schlecht spricht, hat jemals angeleitet seine Ansätze wirklich erfahren können. Es ist eben einfacher, Ideen, deren Überdenken unbequem sein kann, abzulehnen.

Klassisch bedeutet demnach nicht, dass wir uns am modernen Dressursport orientieren oder an der Barockzeit und auch nicht, dass für die klassische Arbeit nur die Barockpferderassen geeignet sind.

Dass hier oft zwei Lusitano-Hengste als Beispiele gezeigt werden, ist lediglich der persönlichen Vorliebe von Sonja Weber geschuldet. Diese beiden Pferde sind in ihrem Besitz und tragen deshalb ihre »Handschrift« als Beispielpferde.

Gedanken zur Entwicklung der Tragfähigkeit

In diesem Abschnitt wollen wir verdeutlichen, warum eine Ausbildung zum »Reitpferd« zwingend nötig ist. Warum setzt man sich nicht einfach aufs Pferd und reitet los? Wofür die ganze aufwändige Vorbereitung? Ganz einfach, weil es sowohl dem Pferd als auch dem Reiter langfristig schadet, wenn beide oder einer der beiden Partner keine Ausbildung haben. Ausgebildete Reiter-Pferd-Paare bewegen sich müheloser, eleganter und gesünder als unausgebildete. Allerdings ist es bis zur mühelosen Eleganz ein arbeitsreicher und langer Weg – für beide, Mensch und Pferd. Dieser Weg kann jedoch viel Freude machen, wenn man einige Richtlinien bei der Ausbildung berücksichtigt.

Vergegenwärtigen Sie sich einmal, was bei unvorbereiteten Reitern und Pferden passiert: Das Pferd bekommt ein Gewicht auf den Rücken, das es zusätzlich mit ausbalancieren und bewegen muss. Dies fällt ihm schwerer als landläufig angenommen. Wir stellen uns vor, dass ein auf vier

Beinen stehendes Tier weniger Gleichgewichtsprobleme hat als wir. Die Probleme sind jedoch nicht zu unterschätzen. Zudem ergibt sich für den ungeübten Reiter die Schwierigkeit, sich auf dem schwankenden Pferderücken auszubalancieren, was negativ auf die Bewegungsfreiheit des Pferdes wirkt. Beide bringen sich buchstäblich gegenseitig aus dem Gleichgewicht, und das Pferd reagiert, indem es versucht, sich mit dem Zusatzgewicht zu stabilisieren. Da die meisten Pferde dies tun, indem sie die Schulter und den Rumpf fest machen sowie eine Stütze im Zügel suchen, haben wir ganz schnell ein Pferd, was als steif und schwerfällig angesehen wird. Dabei kann es sich einfach nicht so ohne weiteres ausbalancieren.

Was muss nun geschehen, damit der Reiter – einfach nur weil er als Last auf dem Pferd sitzt – keine negativen Auswirkungen auf das Pferd und seine Gesundheit hat?

Um es auf einen ganz einfachen Satz herunterzubrechen:

Das Pferd muss durch Ausbildung »tragfähig« werden, indem man Versammlung erarbeitet.

Das bedeutet im Klartext: Der Rücken und der ganze Rumpf des Pferdes sollen trotz Reitergewicht arbeiten können, d.h. durch und durch beweglich sein. Das Pferd lernt, sich zu »setzen«, die Federkraft und Elastizität der Hinterhand (nachfolgend auch Hanken genannt) verbessert sich. Die Schultern werden frei, können besser angehoben werden. Maul und Genick entspannen sich, die vormals stützende Vorhand wird freier und leichter; es entsteht die Aufrichtung und damit auch ein stoßdämpfender Effekt in der Verwendung der Vorhandgelenke.

Über diesen Versammlungsbegriff sind sich wohl die meisten Reiter einigermaßen einig. Aber wie sieht diese Versammlung aus, welche Kriterien müssen dabei erfüllt sein?

»Normales« entspanntes Stehen ohne Haltung. Lusitano-Hengst »Finito«, 7-jährig.

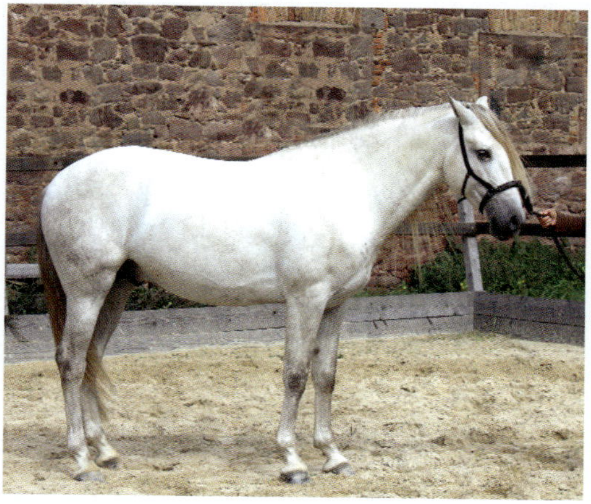

»Finito« in Haltung: Die Hanken sind leicht gebeugt, die Hinterhufe stützen unter dem Iliosakralgelenk, die Vorderbeine sind senkrecht; so kann er aktiv in jede Übung antreten.

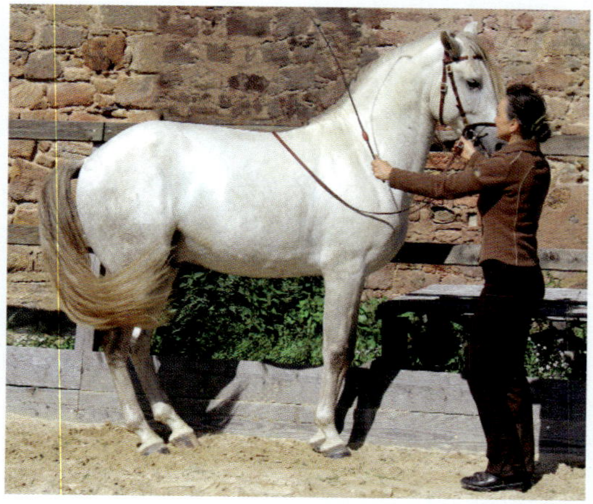

Oft existiert der Irrglaube, dass das versammelte Pferd mit den Hinterbeinen weiter unter den Körper tritt. In der Versammlung ist jedoch die Bewegungsamplitude der Beine verkürzt. Nur in den Verstärkungen greift das Pferd weiter aus und damit fußen die Hinterbeine weiter nach vorne. (Am Rande bemerkt: Um eine gute Verstärkung zu erreichen, ist Versammlung erforderlich. Die Verstärkung sollte weit hinten in der Ausbildung stehen, als Ergebnis der versammelnden Arbeit.)
In der Versammlung geht es darum, dass sich die Kadenz erhöht und damit die ganze Bewegung mehr nach oben ausgerichtet ist als nach vorne. (Kadenz bedeutet, dass die Bewegungen erhabener und runder werden.) Die Hankengelenke werden wie eine Feder gebeugt und dürfen nicht zu weit von ihrer Verankerung an der Wirbelsäule entfernt arbeiten. Anderenfalls verschieben sich

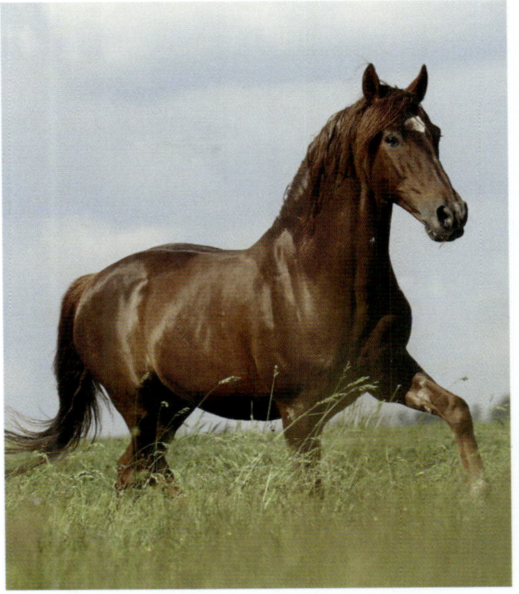

Pferde, die sich frei »präsentieren«, nehmen oft von ganz allein eine versammelte Haltung ein. »Marialva« mit 22 Jahren, gesund und schön durch gute Arbeit.

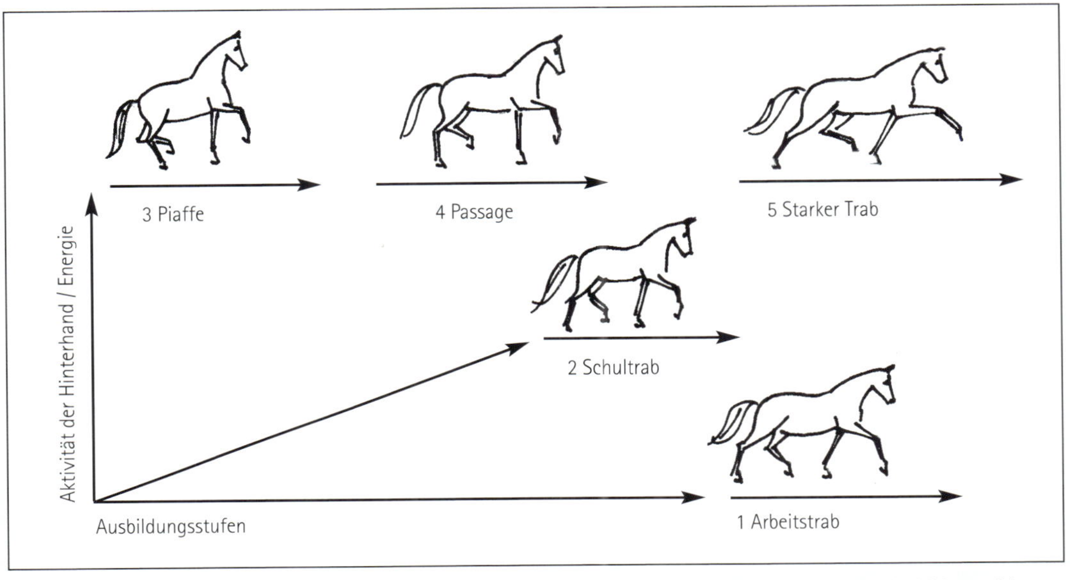

Ein sinnvoller Ablauf der Ausbildungsschritte setzt eine gute Verstärkung mit Aufwärtstendenz ans Ende der Ausbildung, nicht an den Anfang. Zuerst muss ein gewisser Versammlungsgrad erreicht werden, um eine Verstärkung nach vorne-oben herauslassen zu können. (Zeichnung in Anlehnung an Philippe Karl im Buch »Irrwege der modernen Dressur«)

wichtige Achsen (was im Dressursport oft geschieht). Das Becken soll beweglich mitarbeiten. Dies wirkt sich auf den Rücken aus, der sich auf und ab bewegen kann – je nach Bewegungsphase. Die Rückenmuskulatur wird rhythmisch rechts-links an- und abgespannt und arbeitet als Bewegungsmuskel. Die Halte- und Tragearbeit wird besonders durch die Bauchmuskeln ermöglicht. Keinesfalls wird der Rücken in der Versammlung festgehalten oder ins Hohlkreuz gedrückt. Aber auch ein zu stark nach oben aufgespannter Rücken ist nicht das Ziel und behindert die gesunden Abläufe, die sich durch ungehinderte Bewegung und freien Energiefluss kennzeichnen.

Korrekte Aufrichtung bedeutet, dass sich die Halsbasis hebt und auch der Widerrist zwischen den Schulterblättern angehoben wird, damit die schon von Natur aus stärker belastete Schulter entlastet wird. Da das Pferd kein Schlüsselbein hat, wird der Widerrist bei nicht angehobener Halsbasis durch das Reitergewicht zwischen den Schultern heruntergedrückt, was die gesamte Beweglichkeit des Rumpfes einschränkt und die Schultern sowie auch die Bewegungsfreiheit der Vorderbeine blockiert.

In der korrekten Aufrichtung ist es nicht so, dass sich die Beinpaare einander annähern, die Hinterhand der Vorhand also näherkommt. Die Beinpaare müssen weiter parallel und senkrecht zum Boden arbeiten können, sonst wird der natürliche Bewegungsablauf gestört. Eine Verkürzung der Standfläche tritt tatsächlich nur in Übungen auf, die ganz oder beinahe auf der Stelle ausgeführt

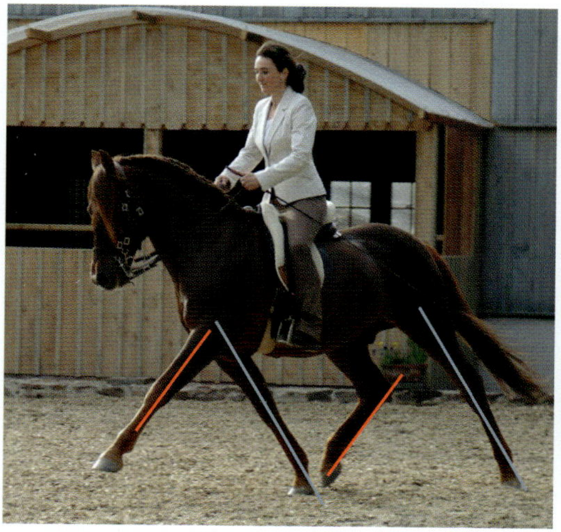

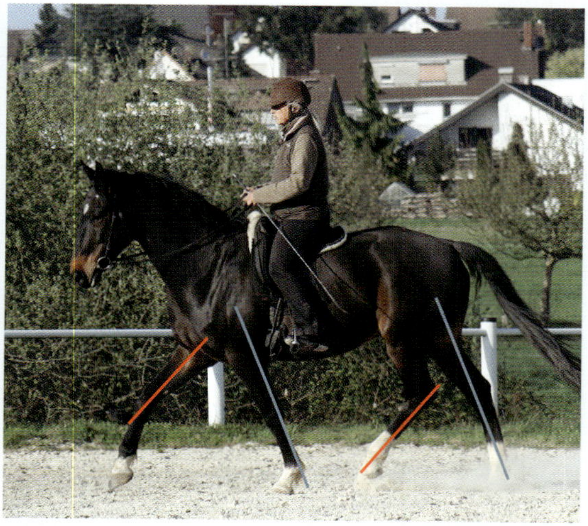

Die Parallelität der Beinpaare muss im Arbeitstempo und auch in den Verstärkungen erhalten bleiben. Rote und hellblaue Linien zeigen die Verstärkung unter Beibehaltung dieser wichtigen Parallelität. Wird sie zerstört, um die Vorhand spektakulärer arbeiten zu lassen, als es der natürliche Ablauf zulässt, wird die Bewegung gesundheitsschädlich. Beide Reiterinnen sitzen leicht mit dem Oberkörper in die Bewegung geneigt, was die Verstärkung fördert. Ein Zurücklehnen würde das Pferd auf die Vorhand schieben. links: Sonja Weber auf »Marialva«, 13-jährig; rechts: Kerstin Diacont auf »Calvados«, Hannoveraner, 10-jährig.

werden. Dies sind z. B. die Piaffe, das Terre à Terre (ein Galopp auf der Stelle) oder eine Galopp-Pirouette.

Prinzipiell erarbeiten wir die Versammlung nicht als Selbstzweck, sondern um das Gleichgewicht und die Tragfähigkeit des Pferdes zu verbessern. Auftretende Verspannungen müssen gelöst und die gesamte Mobilität erhöht werden. Das sind die Grundpfeiler wirklich versammelnder Arbeit. Die Bewegungs-Muskulatur muss geschmeidig werden und in rhythmischer »Wechselspannung« arbeiten. Alle Gelenke des Pferdes müssen beweglich werden, insbesondere das Genick darf nicht in einer Stellung »einrasten«, was durch einen starren Zügel sehr schnell geschehen kann. Ein blockiertes Genick führt zu einem blockierten Kreuz-Darmbeingelenk und damit verspannt sich auch die Lendenregion. So kann die Wirbelsäule nicht frei arbeiten.

Um die Entspannung des Pferdes effektiv zu fördern, verhindern wir durch Abkauübungen und Flexionen, dass das Pferd die Zähne zusammenbeißt, sich auf das Gebiss legt und damit das Genick versteift und die Schultern überlastet.

Diese Flexionen und die zugrunde liegenden Abkauübungen (auf französisch die »Cession de Mâchoire«) gehen auf den Franzosen François Baucher zurück.

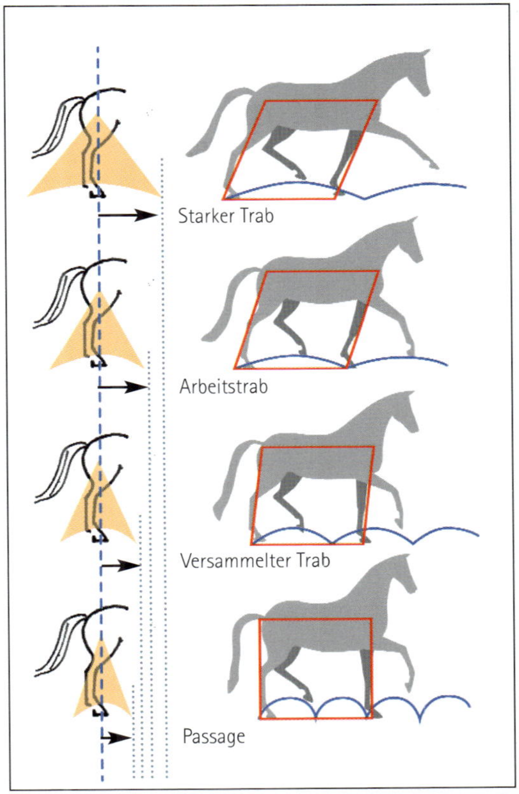

Parallelität der Beinpaare im Trab und Untertreten: Wichtig in allen Phasen des Trabs ist die Parallelität der Beinpaare. In der Versammlung tritt das jeweilige Hinterbein nicht vermehrt unter den Pferdekörper, sondern sogar weniger, da sich die Trittlänge verkürzt, wie man an der unteren Zeichnung sehen kann. Die Bewegungen werden kürzer und erhabener. (Zeichnung in Anlehnung an Philippe Karl im Buch »Irrwege der modernen Dressur«)

Fassen wir zusammen: Gleichgewicht und losgelassene Bewegungen bei ausreichender Selbsthaltung und Tragkraftentwicklung sind die Grundpfeiler der Pferdeausbildung (die meisten Richtlinien, die für das Pferd gelten, sind im Übrigen auch auf die Reiterausbildung anzuwenden).

Was sind nun die Voraussetzungen, die man braucht, um ein Pferd wirklich in eine Versammlung zu führen? Welche Faktoren müssen dabei beachtet werden? Ein Blick in die reiterliche Umgebung hilft bei der Orientierung.

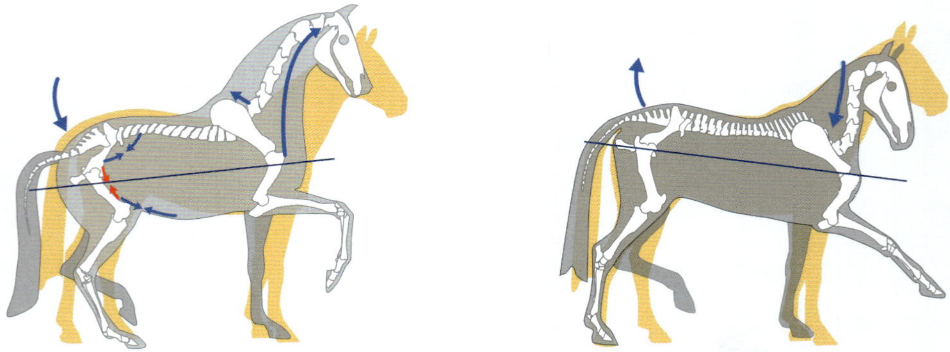

Richtige Versammlung (links) mit tiefer Kruppe, hohem Widerrist und freier Halswirbelsäule und falsche Versammlung (rechts) mit hoher Kruppe, tiefem Widerrist, festem Rücken, gestauchter Halswirbelsäule und blockierter Schulter. (Jeweils im Vergleich zum normal stehenden Pferd dargestellt.)

Kritisches Hinterfragen der momentan verbreiteten reiterlichen Praxis

Es liegt uns fern, über andere schlecht zu sprechen oder mit erhobenem Zeigefinger alles besser wissen zu wollen. Trotzdem ist es uns ein Anliegen, den Pferdebesitzer, dem die Gesundheit seines Pferdes am Herzen liegt, zu informieren und ihm eine Orientierung zu geben, welche Methoden zweckmäßig und funktionell und welche eher schädlich sind.

Es stellt sich die Frage, ob in der gängigen Ausbildungspraxis das Ziel, einen bestimmten Versammlungsgrad zu erarbeiten, wirklich angestrebt bzw. erreicht wird.
Wahrscheinlich ist die Mehrzahl der Reiter mit einer Remontenausbildung (die Ausbildung von Pferden in den ersten 1–2 Jahren nach FN-Richtlinien) zufrieden; diese beinhaltet weitgehend das Vorwärts-Abwärts-Reiten, welche das Pferd in einer Überlastung der Schultern belässt. Dies ist kaum ein Ausbildungsweg, der das Pferd auf Dauer gesund hält.
Tatsache ist leider, dass die Mehrzahl der Pferde an Krankheiten und Einschränkungen leidet, die man durch gute Pferdeausbildung vermeiden könnte.
Wir sprechen hier ganz bewusst nicht die offensichtlich gesundheitsschädliche »Rollkur« an. Auch weniger deutliche Fehlentwicklungen führen schon zu Steifheiten und langfristigen Schäden am Bewegungsapparat, z.B. die gängige Praxis, die Pferde bei jeder Parade auf die Hand kommen zu lassen, so dass sie den Schwung vorne anstatt hinten abfangen und in den Boden laufen, statt sich selbst zu tragen. Die weit verbreitete Auslegung der Idee des »An-den-Hilfen-Stehens« wird vom Pferd in der Regel als widersprüchlich empfunden und erzeugt Spannung im Körper: Das Pferd soll ständig mit Druck der Beine an die durchhaltende Hand getrieben werden. Dies ist nichts anderes als »Bremse und Gas« gleichzeitig zu verwenden und reine »Energiever-

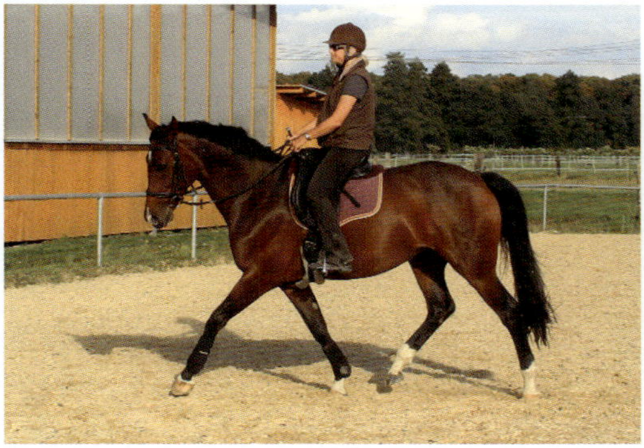

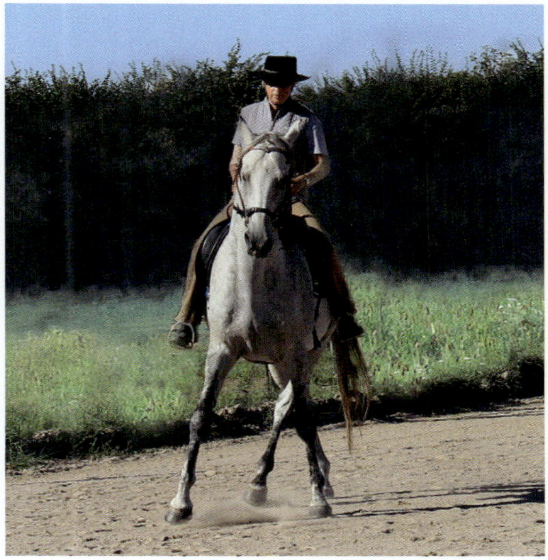

An den Hilfen ohne Dauerdruck: oben: Westfalenstute »Feline«, 8-jährig, etwas überbaut und vorher kopflastig geritten, kann sich am losen Zügel selbst tragen.

rechts: Angloaraber »Elvis«, 14-jährig, war vorher stark schulterlastig und gebiss-sauer. Jetzt balanciert er sich im Schulterherein in freier Haltung aus (gebisslos auf Glücksrad gezäumt).

schwendung« für Reiter und Pferd. Das Pferd wird stumpf und steif, weil ständig zwei Impulse gegeneinander wirken und sich diese Dauerspannung im Körper abbildet.

Ein Pferd, das wirklich an den Hilfen steht, wie es unserer Grundidee vom Reiten entspricht, ist schlicht und einfach aufmerksam und konzentriert, trägt sich selbst in freier Haltung und ist im Ergebnis völlig ohne Kraft zu reiten, weil es kleinste Impulse aus Haltungsveränderungen des Reiters aufnimmt. **Es entsteht Leichtigkeit oder im Französischen »Légèreté«. Reiter und Pferd bewegen sich mühelos durch feinste Kommunikation.**

Es muss nicht sein, dass der Tierarzt Dauergast im Reitstall ist. Von einer guten Arbeit mit dem Pferd profitiert das Pferd als Ganzes. Nicht nur der Bewegungsapparat bleibt gesund, auch die organische Gesundheit ist durch eine gute Funktionalität des Körpers gewährleistet. Zudem hält funktional richtige Arbeit das Pferd wach, motiviert und sorgt für psychische Ausgeglichenheit.

Bei der Suche nach Funktionalität in der Haltung wollen wir uns zunächst einmal kurz mit dem Begriff »Dehnungshaltung« auseinandersetzen und einige Missverständnissen und Halbwahrheiten ausräumen.

Die Dehnungshaltung – wofür sie gut ist und was sie nicht leisten kann

Weit verbreitet ist die Annahme, dass ein Pferd als allererstes Ziel den Kopf tief tragen sollte, am besten in einer korrekten Dehnungshaltung. Fortgeschrittene Ausbildung, die dem Pferd etwas mehr Versammlung abverlangt, bleibt nur ganz wenigen vorbehalten, wenn sie sich z.B. in der Dressur bis Klasse S hochgearbeitet haben. Aber was ist mit den vielen anderen – mit der Mehr-

zahl der Reitpferde? Sie werden die meiste Zeit ihres Lebens in Dehnungshaltung geritten.
Diese wird als »Allheilmittel« propagiert, insbesondere gegenüber der gesundheitsschädlichen Rollkur.
Man kann sich allerdings fragen, warum so viele Pferde »kopflastig« sind und auf die Schulter fallen, selbst wenn die Dehnungshaltung mit entspanntem und aufgewölbtem Rücken korrekt ist. Mal abgesehen davon, dass die Dehnungshaltung selten wirklich korrekt gelingt, hat sie ihre Grenzen dort, wo vermehrte Balance gefragt ist.
Kerstin Diacont ist der Meinung, dass das Reiten in Dehnungshaltung ein vorübergehender Zustand ist – für Pferde, die noch keine Kraft in den Hinterbeinen haben oder den Rücken verspannen. Ihrer Ansicht nach verwechseln viele Reiter die Dehnungshaltung mit einem Hängen-Lassen oder Herunterziehen von Hals und Kopf und wundern sich, wenn das Pferd dabei nach unten »in den Boden läuft« und die Schulter fest macht. In der korrekten Dehnungshaltung **bleibt jedoch die Schulter oben** und der Hals wölbt sich mit offenen Ganaschen nach vorne (nicht nach unten). Die Nase ist dabei nicht tiefer als auf Höhe des Buggelenks und vor der Senkrechten. Diese Dehnungshaltung in der wirklich korrekten Form kann später in eine Art »versammelte Dehnungshaltung« überführt werden, bei der sich das Pferd vorne mehr hebt und hinten setzt und trotzdem noch eine gedehnte Nacken-Rückenlinie hat.
Prinzipiell ist auch die funktional richtige Dehnungshaltung eine **Selbsthaltung** des Pferdes und darf keinesfalls mit dem Zügel erzwungen werden. Die meisten Pferde ohne schwerwiegende Exterieur-Probleme finden von allein eine funktionale Haltung, wenn der Reiter langsam und kleinschrittig arbeitet und nichts erzwingt.
Viele Reiter ziehen allerdings ihre Pferde in vermeintlicher Dehnungshaltung nur in eine disfunktionale Haltung auf die Vorhand. Schulter und Hals »hängen«, die Nase ist hinter der Senkrechten oder das Pferd streckt den Hals ohne Haltung mit Spannung im Unterhals gerade nach vorn. Dies alles ist keine Dehnungshaltung.
(Jedoch wird auch die Versammlung genauso oft falsch erarbeitet: Mit verkürztem Hals, tiefer Schulter und hoher Kruppe. In dieser falschen Versammlung können Rücken und Hinterhand genauso wenig arbeiten wie in der falschen Dehnungshaltung.)
Viele Reiter verbringen die überwiegende Reitzeit in dieser falsch verstandenen und damit »kopflastigen« Dehnungshaltung. Das bedeutet in der

Korrekte Dehnungshaltung zeichnet sich durch aktive Hinterhand und freie Schulter aus. Die Nase ist etwa auf Höhe des Buggelenks. Sie eignet sich für kurze Sequenzen, beispielsweise für etwas mehr Vorwärts und als Pausenhaltung. Sie ist keine dauerhafte Arbeitshaltung.

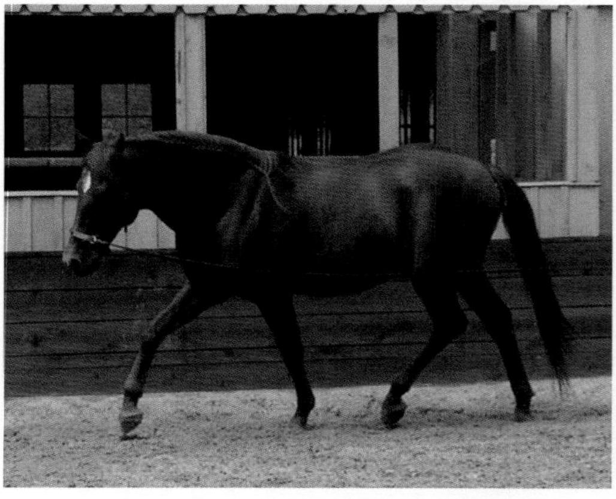

Regel eine Dauerüberlastung der Vorhand. Es ergeben sich langfristig große Schwierigkeiten, weil das Pferd aus seinem natürlichen Gleichgewicht herausgenommen wird – vor allem, weil dabei oft der Hals als natürliche »Balancierstange« in eine starre Haltung eingezwängt wird.

Sonja Weber hat sich in den über 20 Jahren hauptberuflicher Ausbildungspraxis ausführlich mit der Dehnungshaltung beschäftigt. Sie ist von ihr abgekommen, weil sie zu viele Nachteile mit sich bringt, welche die Vorteile nicht aufwiegen. Selbst wenn die Dehnungshaltung in einer korrekten Form angewendet wird, werden hauptsächlich die Schubkräfte trainiert. Gerade bei verspanntem Rücken oder schwacher Hinterhand erarbeitet sie schwerpunktmäßig an der Trag- und Federkraft – eben in vertikaler und nicht in horizontaler Richtung, die, wenn auch auf noch

Auch junge Pferde müssen nicht zwingend »in die Tiefe« geritten werden. Das Bild zeigt »Lahib«, einen 5-jährigen Araber, mit einem verkürzten rechten Hinterbein und Problemen im 1. Halswirbel, der zu diesem Zeitpunkt knapp ein halbes Jahr geritten wurde.

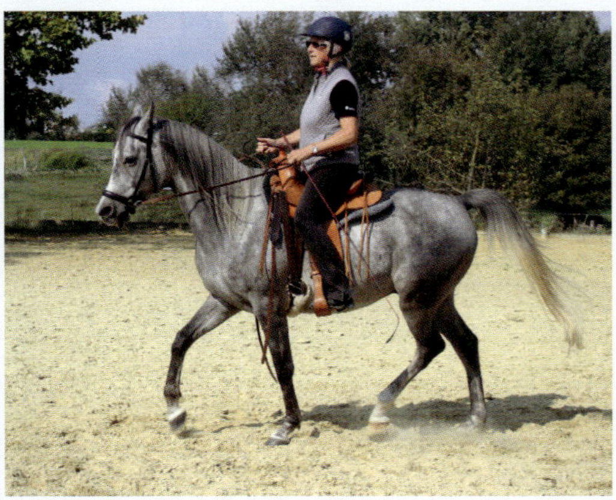

so subtile Art, eine Grenze nach vorne benötigt. Es gibt Übungen, mit denen man ihrer Ansicht nach die positiven Aspekte der Dehnungshaltung erarbeiten kann, z.B. den Rücken mobilisieren, ohne dass das Pferd dabei ungünstig aus dem Gleichgewicht auf die Vorhand gebracht wird. Es bleibt dabei gänzlich frei von einem Spannungsbogen und balanciert sich in den Übungen frei aus. Dazu gehören z.B. alle Varianten der Seitengänge, Biegeübungen, Übergänge und Rückwärtsrichten, die wir nachfolgend im Praxisteil zumindest für die Arbeit an der Hand beschreiben werden.

Um die Dehnungshaltung in ihren positiven Aspekten dauerhaft zu nutzen, kann man sie zu einer positiv besetzten **»Pausenhaltung«** machen. D.h. das Pferd wird in kurzen Abschnitten (Reprisen) **»in Selbsthaltung«** gearbeitet und immer wieder zwischendurch in eine Pause am hingegebenen Zügel entlassen. In dieser Pause darf es sich dehnen, strecken und ausruhen. Eine solche Pause wird überwiegend im Schritt stattfinden, weil sich so ihre Wirkung am besten entfaltet. In manchen Fällen wird sie im Stehen ausgeführt, wie wir später noch erläutern.

Auch im Trab oder Galopp kann man die Pferde immer wieder in die Dehnung entlassen; wenn die Arbeit stimmt, dehnen sie sich von ganz von allein. Dehnungshaltung muss also nicht erarbeitet werden, sondern zeigt das Gelingen einer Übung an. Sie kann als Belohnung und zur Entspannung gewährt werden, ist jedoch eben längerfristig nicht als Arbeitshaltung geeignet.

Nachfolgend ein Zitat der Tierärztin Dr. Sinja Guth, die sich auf Bewegungsmedizin bei Pferden

spezialisiert hat und mit Sonja Weber gemeinsam Vorträge zum Thema »Dehnungshaltung« und »Gesunderhaltung durch geeignete Ausbildung« hält:
»Das heutzutage weit verbreitet praktizierte Reiten in ein und derselben (Dehnungs-)haltung, Runde um Runde, ist fatal für das Pferd. Die Belastung geht einförmig auf die Vorhand und den passiven, faszialen Halteapparat. Die Körperfaszien passen sich an diese Position an, was eine vermehrte Tragfähigkeit der Hinterhand massiv erschwert. Besser ist es, durch Mobilisierung Bewegungsvielfalt anzuwenden und die Rumpfmuskulatur in Arbeitshaltung mit der entsprechenden Aufrichtung aufzubauen.«
Kerstin Diacont hält es für sinnvoll, das Pferd mit ständig wechselnden Hals- und Körperhaltungen in kurzen Reprisen zu reiten bzw. zu arbeiten: Aufrichtung mit hoher Körperspannung im Wechsel mit (relativer) Entspannung mit gedehntem (trotzdem frei getragenem) Hals und Rücken, ohne dass das Pferd dabei auf der Schulter hängt. Das Zauberwort heißt demnach: **Bewegungsvielfalt**. Lassen Sie das Pferd nicht Runde um Runde in einer Haltung laufen, sondern wechseln Sie ständig Halshaltung, Tempo, Gangart und Energieentwicklung, um das Pferd interessiert und reaktiv zu halten.
Wie oben dargestellt sprechen wir bei der Dehnungshaltung von einer vorübergehenden Haltung und verwenden sie im Verlauf der Ausbildung als »Pausenhaltung«.

Aktivitätshaltung und Pausenhaltung

Die Dehnungshaltung soll entspannen. Aber wenn die ganze »Arbeit« nur dazu dient, das Pferd zu lösen und zu entspannen, wo bleibt dann der Ausbildungsfortschritt? Irgendwann muss auch

Diese beiden Pferde nehmen völlig freiwillig eine Aktivitätshaltung ein, die auch unter dem Reiter funktional richtig ist. Allerdings ist Spannung durch Aufregung (wie hier im Freilauf) für das Reiten nicht optimal geeignet. Aktivitätshaltung mit innerer Gelassenheit ist das große Ziel.

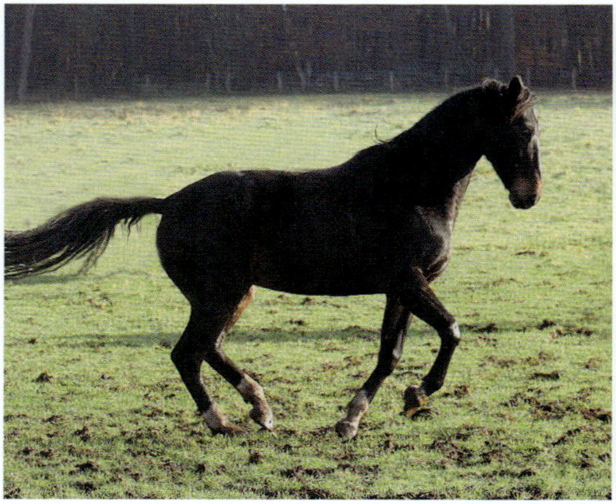

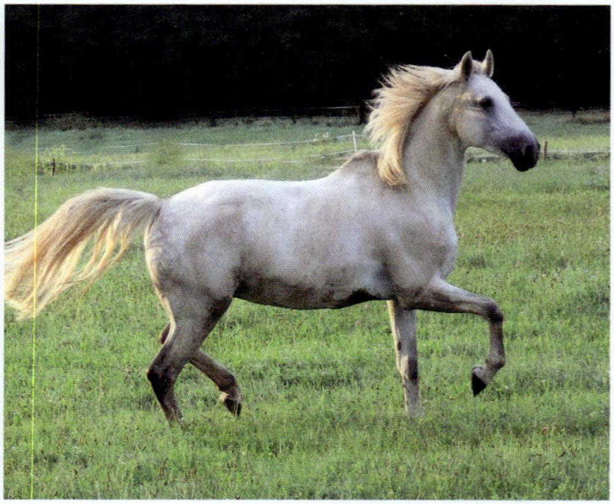

die Arbeit beginnen. Arbeit ist Arbeit und Pause ist Pause! Pause ist die Belohnung eines gelungenen Arbeitsabschnitts. Das ist Lernpsychologisch sehr effektiv. **Wichtig ist, dass die ganze Ausbildung entspannungsfördernd, lösend und mobilisierend geschieht.** Dann braucht man auch keine spezielle Entspannungshaltung. Das Pferd soll nie durch Einwirkung von außen gespannt bzw. in negative Anspannung (= Verspannung) gebracht werden.
Nur während der Arbeit kann das Pferd etwas dazulernen. Arbeit bedeutet dabei auch »das Verlassen der Komfortzone«. Wer die Komfortzone nicht verlassen will oder kann, wird keine Ausbildungsfortschritte erzielen (dazu später noch mehr).

Nehmen wir ein Beispiel aus unserem eigenen Leben: Wenn wir arbeiten, liegen wir meistens dabei nicht im Bett. Im Bett oder auf dem Sofa machen wir eine Pause oder wir schlafen nachts in entspannter Haltung. Warum soll das Pferd sich in einer Haltung arbeitend fortbewegen, in der es sich befindet, wenn es sich ausruht und döst? Ist es nicht naheliegend, dem aktiven Pferd eine entsprechende **»Aktivitätshaltung«** zu geben oder ihm diese – von ihm meist sowieso spontan eingenommene Haltung – nicht zu nehmen? Wenn ein Pferd aufmerksam oder gespannt ist, nimmt es den Kopf etwas höher. Damit verbessert es seine Orientierung im Raum und verändert sein Gleichgewicht: Es setzt sich in einen **»aktivitätsbereiten«** Zustand, um schnell reagieren zu können. Schauen Sie spielenden Pferden zu: Diese befinden sich nie in einer völlig entspannten Haltung, weil damit keine schnellen Manöver möglich wären. Für schnelle Manöver beim Spiel benötigt es eine ähnliche Balance, wie die beim Reiten in Versammlung.
Es gab schon etliche Reitmeister, die auf die Gefahr hingewiesen haben, die Pferde zu viel in tiefer Halsposition zu reiten. Die alten deutschen Schriften enthalten vieles, was falsch interpretiert werden kann. Aber alte Fotos zeigen, dass die Pferde nicht in Dehnungshaltung geritten wurden. Auch enthalten die alten Richtlinien der FN noch Abkauübungen, um bei Anlehnungsproblemen Lösungswege aufzuzeigen. Leider sind diese inzwischen aus den Richtlinien verschwunden.
Wir gehen davon aus, dass eine **»Aktivitätshaltung«** in den Arbeitseinheiten, abgewechselt mit kurzen Pausen in **»Pausenhaltung«**, dazu führt, dass die Pferde ihr Gleichgewicht unter dem Reiter besser finden. Natürlich nur unter der Voraussetzung einer mobilisierenden und funktionellen Arbeit.
In der sichtbaren Praxis kann leider beobachtet werden, dass die Vorwärts-Abwärts-Reiterei Verspannungen produziert, obwohl sie eigentlich entspannen soll. Viele dauerhaft tief gerittene Pferde haben große Probleme am Halsansatz, im Schultergürtel und im ISG-Bereich (Ilio-Sakral-Gelenk = Kreuzdarmbeingelenk) – auch deswegen, weil sie meist ihrer Balance hinterherrennen müssen.
Diese Ansicht wurde auf der Jahrestagung 2017 des FFP (Verein zur Förderung der Forschung im Pferdesport e.V.) ausführlich von Experten aus der Veterinärmedizin unterstützt.
Bekommen wir dauertief gerittene Pferde in Ausbildung, gilt es, sie erst einmal ausführlich in den

später beschriebenen Flexionen zu entspannen und die »zurück gearbeiteten« Schultern wieder nach vorne und nach oben zu bringen sowie die Halsbasis wieder über die Schultern zu organisieren, damit Versammlung möglich wird. Tut man dies nicht, wird das Pferd immer wieder auf die Vorhand fallen und eine Stütze in der Reiterhand suchen. Fehlerhafte Piaffen ohne reelle Lastaufnahme der Hanken, in einer V-förmigen Silhouette mit zurückgestemmten Vorderbeinen sind z.B. die Folge von dauerhaft tiefem Reiten. Die zurückgestemmten Vorderbeine kommen daher, dass das Pferd die Last auf der Vorhand belässt. In einer korrekten Piaffe, (die diesen Namen wirklich verdient!) müssen die Vorderbeine senkrecht stehen und erhabene Bewegungen aus einer freien Schulter ausführen. Die Hinterbeine arbeiten dabei gut gebeugt – mit wenig Aktion nach oben, werden also wenig angehoben! Sie nehmen direkt unter dem Iliosakralgelenk vermehrt Last auf – die Hinterbeine sind nicht weiter vorn unter den Körper geschoben.

Leider diskutiert man in der Praxis oft mit Leuten, die noch nie ein Pferd in die Versammlung gebracht haben. Sie plädieren dann für etwas, was sie von anderen gehört oder gelesen haben, können aber nicht wirklich beurteilen, um was es geht, wenn man dieses Thema reflektiert. Sie vertreten dann ihre Grundlagenarbeit vehement, in der unserer Ansicht nach Probleme entstehen, die eine spätere Überführung in die Versammlung erschweren oder gar verhindern und die natürlichen Bewegungsabläufe einschränken. Es scheint dann so, als seien Taktfehler und Bewegungsstörungen normal auf dem Weg zu höheren Lektionen. Normal, weil weit verbreitet. Wir sagen aber: Das muss so nicht sein und deshalb empfehlen wir jedem Pferdebesitzer, sich an Ausbilder zu wenden, die mit der versammelnden Arbeit viel Erfahrung haben und kleinschrittig genug vorgehen, um das Pferd nicht zu überfordern.

Im nächsten Abschnitt stellen wir nun alternative Ansätze dar.

Zentrale Aspekte einer effektiven Ausbildungspraxis für Reitpferde

Wie sollte sich die Ausbildung gestalten, um einen reellen Versammlungsgrad zu erreichen? Welche Faktoren sind für Entspannung und Gleichgewicht wichtig? Der Begriff Gleichgewicht bezieht sich hierbei auf »links/rechts« und »vorne/hinten«

Vier zentrale Aspekte sind wichtig und können schon an der Hand erarbeitet werden.

1. Lösen von Verspannungen, speziell im Maul-, Kopf- und Halsbereich
2. Mobilisation des ganzen Pferdekörpers, Entspannung inbegriffen
3. Bearbeiten der »Natürlichen Schiefe« (links/rechts Gleichgewichtsverbesserung)
4. Übungen zur Entwicklung der Versammlung (vorne/hinten Gleichgewichtsverbesserung, Entwicklung der Federkraft)

1. Lösen von Verspannungen im Maul-, Kopf- und Halsbereich

Da der Reiter die natürliche Funktionalität des Pferdekörpers zunächst beeinträchtigt, können schon allein daraus Verspannungen entstehen.

Zuerst sollte man sich mit deren Auffinden und Lösen befassen.

Eine sehr effektive Methode zur Entspannung des gesamten Pferdes ist das **Entspannen des Mauls**.

Zu einem entspannten Maul gehören eine lockere Bewegung des Kiefers und der Zunge sowie ein Abschlucken des Speichels.

Diese lockere Bewegung des Kiefers, das Kauen, wird durch Abkauübungen abrufbar gemacht, sodass dieser »Entspannungsschlüssel« in jeder erdenklichen Situation ausgelöst werden kann. Dem Pferd wird mittels Gebisseinwirkung an der Hand gezeigt, dass es das Maul »hergeben« soll. Diese Übung dient als Einstieg in weitere entspannende und mobilisierende Übungen.

Zu den entspannenden Übungen gehören die so genannten **Flexionen**.

Unter Flexionen verstehen wir alle angeleiteten Maul-, Hals- und Kopfbewegungen, incl. der Entspannung dieser Region. Diese werden zuerst getrennt erarbeitet, um später in andere Übungen integriert werden zu können.

Die Entspannung entsteht aus dem Lockern des Mauls und den Dehnübungen des Halses nach oben und zur Seite. Das Genick wird speziell nach oben, zur Seite und langfristig je nach Halsform auch zur Beugung hin bearbeitet und entspannt. Bei diesen Interaktionen spielt das »WIE« eine entscheidende Rolle. Der Mensch muss sich dabei selbst in guter mentaler und körperlicher Verfassung befinden, da sich sein Zustand auf das Pferd überträgt. Um das Pferd in die gewünschten Positionen zu »locken« (nicht zu zwingen), braucht der Mensch viel Gefühl für den Zustand des Pferdekörpers, speziell des Genicks und des Halses.

Selbst ein kräftigeres »Unterstützen« muss immer mit Gefühl erfolgen, um keinen Widerstand zu provozieren oder gar Schaden anzurichten. Wer schon einmal nach Verletzungen physiotherapeutische Maßnahmen am eigenen Leib erfahren hat, weiß, dass es manchmal sehr unangenehm sein kann, eine verspannte Körperpartie zu lösen und zu mobilisieren. Dem Pferd geht es nicht anders! Seien Sie also vorsichtig mit den Übungen!

Die Flexionen dienen auch dazu, Haltungen abrufbar zu machen, um das Gleichgewicht des Pferdes positiv unterstützen zu können. Das ist die Grundlage für »Position vor Aktion« (siehe Seite 29).

2. Mobilisation des ganzen Pferdekörpers – Entspannung inbegriffen

Entspannung und Dehnung bringen bereits eine erhöhte Beweglichkeit mit sich, die nun durch gezielte Übungen in Wendungen, Seitengängen, Biegungen und Übergänge weiter verbessert wird. Hierbei spielt eine gezielte **Schulterkontrolle** eine erste wichtige Rolle, weil die seitliche Balance sonst leicht in Unordnung gerät und das Pferd dadurch noch leichter auf die Schultern fällt. Das bedeutet, dass zuerst das Bewegen der Schultern mit einem relativ gerade gehaltenen Pferd erarbeitet wird, bevor die eigentliche Biegearbeit begonnen werden kann. Wendungen werden eventuell sogar in Außenstellung ausgeführt und Seitengänge zu Beginn mit viel Abstellung (viel seitwärts – wenig vorwärts) und wenig Biegung erarbeitet. Das Pferd beginnt mit stabiler Halsbasis (welche ermöglicht, die Schultern zu kontrollieren!) die Schultern und Hüften stark zu bewegen, was auch zur Bewegung im Rücken führt. Dabei wird das Pferd mit einer »natürlichen« Halshöhe und mit offenem Genick geführt. **Der Hals wird stabilisiert, nicht gedehnt, aber auch nicht verkürzt und nicht gesenkt.** Das Pferd befindet sich in einer Haltung, die es von Natur aus einnimmt, wenn es aufmerksam ist – wie oben in der **»Aktivitätshaltung«** beschrieben. Zudem darf es eine leichte Außenstellung einnehmen, die es auch in der Natur in Wendungen zeigt. Damit balanciert sich das Pferd selbst aus. Stellung und Biegung nach innen wird erst später eingeführt, wenn das Pferd seine natürliche Balance unter dem zusätzlichen Reitergewicht wieder gefunden und eine Grundausbildung bekommen hat.

Schulterkontrolle und Stabilisierung des Halses werden an der Hand kultiviert, um beides später unter dem Sattel leicht abrufbar zu bekommen. Anschließend wird an der **seitlichen Biegefähigkeit** gearbeitet, danach werden die einzelnen Faktoren in den »Lektions-Seitengängen« verbunden. Dazu gehören Schulterherein und Konterschulterherein sowie Travers, Traversalen und Renvers.

Die Mobilisierungen führen zu einer Beweglichkeit in alle Richtungen: Seitwärtsbewegungen können auf allen erdenklichen geraden und gebogenen Linien ausgeführt werden.

Meist entwickelt sich ganz von alleine auf diesem Weg die Fähigkeit der Beizäumung, die eine reelle Versammlung positiv unterstützt: Das Pferd kann seine Halsbasis mit den Hals hebenden Muskeln anheben, was ein Runden der Oberlinie ermöglicht und den Trapezmuskel entwickelt. Die Halsbasis und der Widerrist sollen sich durch die Arbeit gut bemuskeln. Zur richtigen Beizäumung des Pferdes gehört dessen Fähigkeit, den Widerrist anzuheben, mit dem Rücken und mit dem Becken zu arbeiten.

Das Ganze ist ein langwieriger Prozess. Er erfordert monate- und jahrelanges konsequentes Trai-

Veränderung der Muskulatur: Im Bild ist Lusitano »Finito«, 4-jährig, mit wenig ausgeprägter Muskulatur zu sehen.

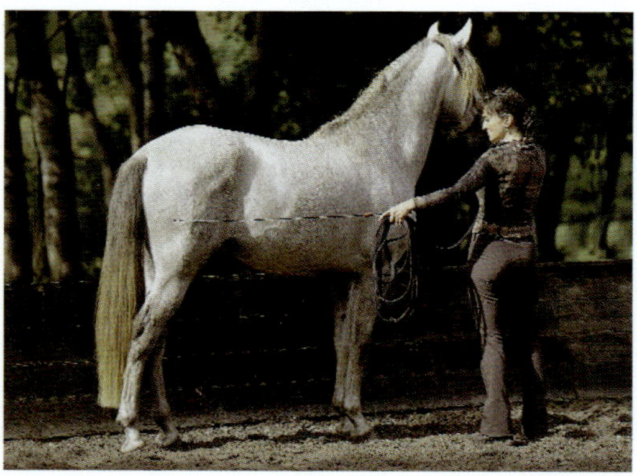

Auf diesem Bild sieht man »Finito« 3 Jahre später, mittlerweile 7-jährig, mit deutlich ausgeprägter Muskulatur.

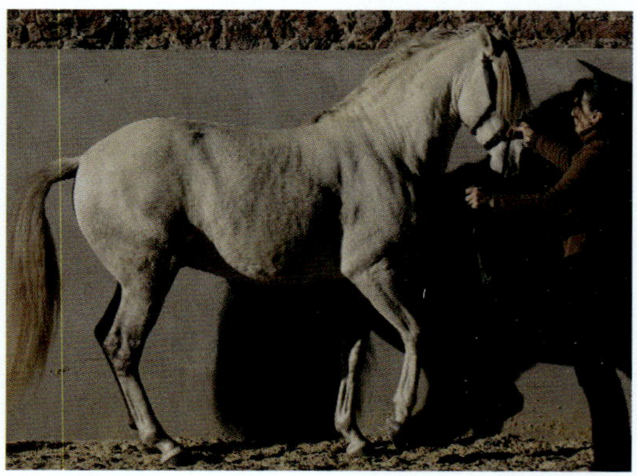

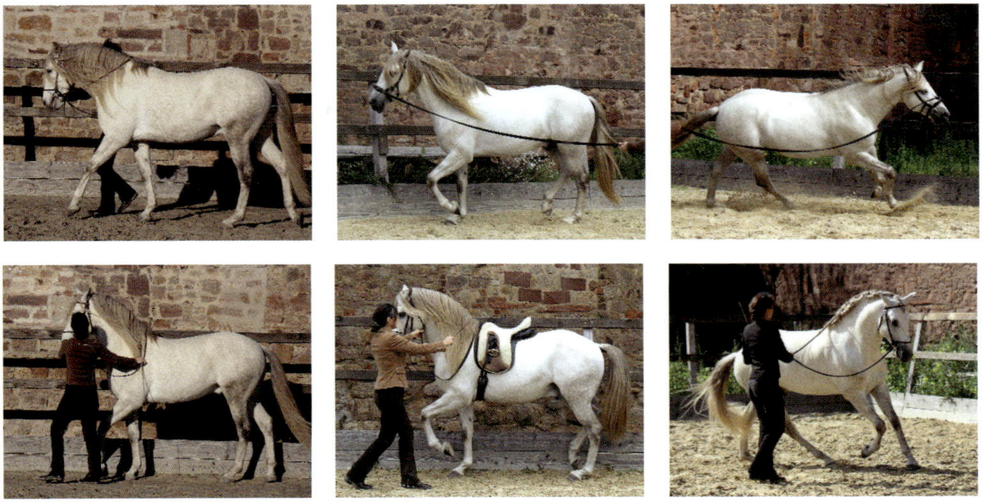

oben: normaler Schritt
unten: Schulschritt

oben: normaler Trab
unten: Schultrab

oben: normaler Galopp
unten: Schulgalopp

ning, was mit der Arbeit an der Hand gut begonnen und lange begleitet werden kann. An der Entwicklung der Muskulatur kann schließlich abgelesen werden, wie effektiv die Arbeit war.

3. Bearbeitung der »Natürlichen Schiefe« (links/rechts Gleichgewichtsverbesserung)

Die **natürliche Schiefe** wird während des gesamten zuvor beschriebenen Prozesses in annähernd allen Übungen berücksichtigt, indem alle Übungen kompensatorisch an die hohle oder steife Seite angepasst werden. Was kompensatorisch im Detail heißt, führen wir auf Seite 84 genauer aus.

4. Übungen zur Entwicklung der Versammlung (vorne/hinten Gleichgewichtsverbesserung, Entwicklung der Federkraft)

Die Vorn-/Hintenbalance wird durch viele Übergänge, besonders die **Übergänge** zwischen Rückwärts und Vorwärts, verbessert.

Die Bewegungen werden in allen Gangarten mehr und mehr nach oben entwickelt, sodass sich der Raumgewinn zugunsten der **Kadenz** (der Bewegungsablauf wird erhabener und runder) verringert. Die **Elastizität** und die **Federkraft** der Bewegungen erhöhen sich, und es entsteht eine **stoßdämpfende Wirkung** auf die Gelenke – was deutlich zur Schonung des Pferdekörpers beiträgt. Mit der **Kadenz** ist eine **vermehrte Aufrichtung** verbunden sowie eine Verlangsamung der Abläufe. Es entstehen der **»Schulschritt«**, der **»Schultrab«** sowie der **»Schulgalopp«** (Bilder zum Vergleich oben). Das Pferd wird in **Langsamkeit** zu mehr Balance gebracht. Dies wird ausführlich erarbeitet, da ihm langsames »Balancieren« schwerer fällt, als eiliges Vorwärtsgehen.

Machen Sie einen Selbstversuch: Gehen Sie auf einer Linie in Zeitlupe oder laufen sie eilig auf dieser Linie. Was braucht mehr »Haltekraft« und Balanciervermögen? Was schult Ihren Gleichgewichtssinn stärker?

Zusätzlich beginnen wir bereits relativ früh mit der **Arbeit an der Piaffe**, um das Pferd zu runden und zu kräftigen. Sobald das Pferd einigermaßen in alle Richtungen kontrollierbar geworden ist und gut an den vortreibenden Hilfen steht, kann mit der Piaffe an der Hand begonnen werden. Dies geschieht oft im Alter von 4–5 Jahren, um die Balance und Kraftentwicklung in die richtige Richtung zu fördern. Die Piaffe wird also zunächst ein Mittel zum Zweck sein und wird erst ganz allmählich auch als Ergebnis und Prüfstein interessant.

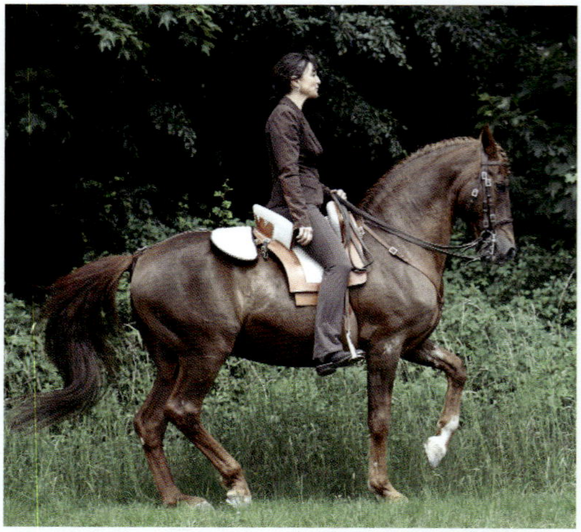

So sieht die vollendete Piaffe als Ergebnis langer funktional richtiger Arbeit aus. Die Hinterhufe arbeiten unter dem ISG (Iliosakralgelenk oder Kreuzdarmbeingelenk), die Hankengelenke sind alle gebeugt. Das stehende Vorderbein ist senkrecht, das Genick der höchste Punkt. Die Nase ist vor der Senkrechten, das Pferd ausbalanciert am Sitz mit lockeren Zügeln. »Marialva«, 22-jährig.

Die Erarbeitung des **Spanischen Schritts** ist eine weitere Gleichgewicht und Versammlung fördernde Übung. Das Pferd übt das Ausbalancieren durch das abwechselnd verstärkte Anheben der Schultern, was bei korrekter Ausführung mit einer vermehrten Lastaufnahme hinten verbunden ist. Als nächstes wollen wir noch ein paar weitere Prinzipien darstellen, die einer gelingenden Arbeit mit Pferden zu Grunde liegen sollten.

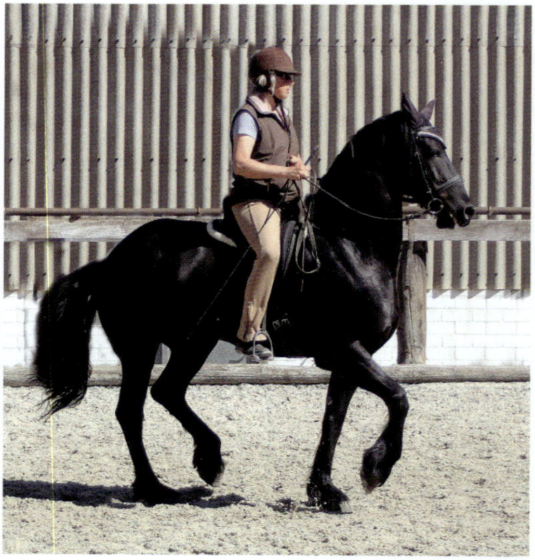

Die noch unvollkommene Piaffe als Mittel zum Zweck: Kerstin Diacont verhindert hier bei Friesenwallach »Allan«, 8-jährig, das Vorwärtsstürmen und leitet seine extreme Vorwärts-Energie, die ihn immer wieder aus der Balance bringt, nach oben um.

Mit Energie vorwärts an den Hilfen

Um das Pferd versammeln zu können, brauchen wir die Bereitschaft des Pferdes, vorwärts zu gehen. Nur mit genug Energie kann eine »Arbeitshaltung« erzeugt werden, und das Pferd ist in diesem Zustand aufmerksam und reaktionsbereit. Wir haben ohne Energie keine Möglichkeit, das Pferd in die Aufrichtung zu bringen, denn das energielose, träge, auf der Vorhand schlurfende Pferd gibt uns keine Möglichkeit, die Energie nach oben umzulenken.

Das Vorwärts ist auch die Grundlage des Gehorsams: Reagiert ein Pferd spontan auf die vortreibenden Hilfen, kann es sich nicht durch Unarten wie Buckeln, Steigen, nach hinten oder zur Seite Ausbrechen oder gar Hinwerfen entziehen. All diese Unarten werden harmlos, wenn man sie in »Vorwärts« umwandeln kann. Nur Durchgehen könnte das Pferd immer noch, aber die Erziehung zum Gehorsam auf bremsende Einwirkung ist ja eine wichtige Basisaufgabe der Ausbildung.

In der Bereitschaft, nach vorne zu gehen, liegt zusätzlich eine wichtige Beziehungsgrundlage. Ist das Pferd bereit, sich (weg-) treiben zu lassen, akzeptiert es die Führung durch den Menschen.
Anders ausgedrückt: In der Ausbildung geht es auch immer darum, Impulsion zu erzeugen!
Impulsion definieren wir als die willige und spontane Bereitschaft des Pferdes, auf feine Hilfen deutlich zu reagieren und Energie zur Verfügung zu stellen.
Damit wird es möglich, die »Komfortzone« in der Bewegung zu verlassen. Dies ist zwingend notwendig, wenn es zu einem Fortschritt kommen soll. (Das Thema »Komfortzone verlassen« wird auf Seite 36 noch genauer beschrieben.)

Fehler sofort beheben

Ein weiterer wichtiger Trainingsgrundsatz ist: **»an jeden auftauchenden Fehler sofort herangehen.«** Jede Arbeit mit dem Pferd ist als Ausbildung anzusehen. Deshalb sollte bereits Erarbeitetes, das sich wieder verschlechtert, sofort an der Basis korrigiert werden. Nimmt man Verschlechterungen in Kauf, und hört die Übungssequenz womöglich mit einer solchen Verschlechterung auf, erzeugt man Rückschritte. Jeder Abschluss einer Handlung wird vom Pferd »gespeichert«. Machen Sie nach jedem (wieder) gelungenen Arbeitsschritt eine Pause, um das Zwischenergebnis zu sichern. Anderenfalls lässt sich kein stabiles Ausbildungsfundament errichten.

Die Ausbildung muss auf ein stabiles Fundament gestellt werden, das immer wieder gefestigt und notfalls korrigiert werden sollte. Fortschritte schwächen im ersten Moment meist dieses Fundament, weil sie noch nicht stabil sind, und müssen mit der Zeit sicher abrufbar gemacht werden.

Alle Teile des Systems müssen logisch und unmissverständlich aufeinander aufbauen, wenn das Gesamtgebilde nachhaltig stabil werden soll. Nur mit einer konsequenten, klaren Idee von der Ausbildung und ihrem Sinn gelingt es, das Pferd sicher an die Hilfen zu bringen. Bei Verwirrung oder Kontrollverlust kann man wieder auf eine vorige, stabile Stufe zurückkehren.
Wie bringt man nun dem Pferd bestimmte Dinge nahe – macht sich ihm also möglichst leicht verständlich?

Assoziationen schaffen durch Übertreiben

Ein Pferd auszubilden bedeutet, Assoziationen zu schaffen. Eine Assoziation ist eine Verknüpfung. Das Pferd verknüpft eine erwünschte Handlung mit einer Anweisung (einer Hilfe) durch den Menschen. Diese Verknüpfung gleicht manchmal einer Konditionierung – einer in der Endversion fast automatisch ablaufenden Reaktion auf eine Hilfe. Dies sollte bei den vortreibenden Hilfen der Fall sein. Die vortreibenden Hilfen sollten extrem zuverlässig und leicht vom Pferd beantwortet werden, weil das ganze Fundament der Ausbildung auf dem Vorwärts basiert. Ausbildungsziel insgesamt ist, dass die Pferde sehr fein auf die Signale oder Hilfen des Menschen reagieren. Nur dann können Kraft und Einwirkung minimiert werden und die Zusammenarbeit bekommt etwas Tänzerisches, Leichtes.

All dies setzt natürlich immer voraus, dass das Pferd das Gewünschte auch ausführen kann: Soll ein Pferd auf eine Hilfe leicht reagieren (zum Beispiel den seitwärts treibenden Schenkel), ist aber körperlich zu der Ausführung (dem Seitwärtsgehen) noch nicht in der Lage, kann man seine Situation verschlechtern. Die Entscheidungen zu treffen, ob das Gewünschte möglich ist oder Zwischenschritte nötig sind, sollte einem erfahrenen Ausbilder überlassen werden.

Assoziationen gelingen am besten, wenn man dem Pferd das gewünschte Ergebnis überdeutlich aufzeigt.

Ein Beispiel: Man möchte die Assoziation schaffen, dass das Pferd auf eine leichte treibende Hilfe ohne Zögern im Schritt antritt. Reagiert das Pferd darauf noch nicht prompt, sondern zäh und träge, dann macht es Sinn, dem Pferd erst einmal eine schnellere Gangart, z.B. den Trab, abzuverlangen, um eine stärkere Reaktion zu erhalten. Die Assoziation beim Pferd ist dann: Auf die treibende Hilfe muss ich mit viel Aktivität reagieren. Das führt dazu, dass die Hilfen sehr schnell verfeinert werden können, weil das Pferd mit der Zeit schon auf einen leichten Impuls an mehr Geschwindigkeit und mehr Energie denkt, statt daran, nur ein wenig Schritt zu gehen. Die Abstimmung erfolgt dann über in der Frequenz gesteigerte Impulse und über eine Verstärkung, z.B. mit Gertensignalen, wenn diese bereits als treibende Hilfe verstanden wurden. Was jedoch – bei der Arbeit unter dem Sattel – nichts bringt, ist eine Verstärkung des Schenkeldrucks mit mehr Kraft bzw. ein verlängertes Zudrücken. Das hätte den gegenteiligen Effekt und bremst das Pferd, weil der Reiter damit sein Becken und in der Folge den Pferderücken blockiert.

Ein anderes Beispiel: Man möchte das Pferd in seiner Vorwärtsenergie bremsen, aber es klappt nicht sofort. Das Pferd legt sich womöglich auf den Zügel oder geht dagegen und bremst, wenn überhaupt, auf der Vorhand. Machen wir uns klar, dass das Pferd für eine gute Parade die Vorwärtsenergie durch das Beugen der Hinterbeine abfangen muss und nicht durch Stützen auf der Vorhand. Es kommt vorne hoch und hinten tiefer. Das ist anstrengend und das Pferd hat zu Beginn der Ausbildung noch nicht das richtige Gleichgewicht für dieses Bremsen. Das Pferd als potenzieller »Energiesparer« vermeidet die Anstrengung,

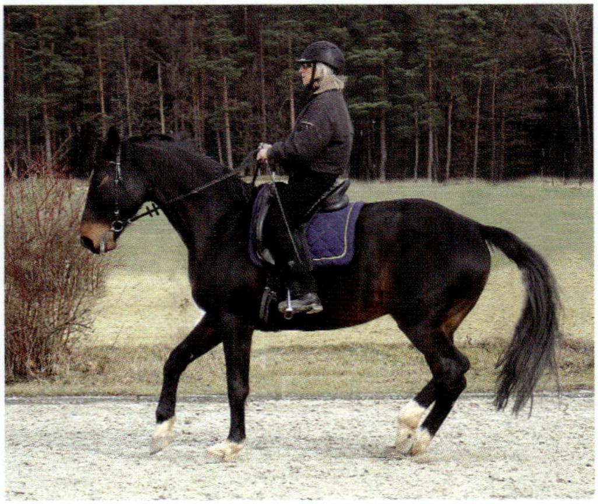

Parade aus dem Trab zum Halten: Damit das Pferd hinten Last aufnimmt und sich nicht in der Hand des Reiters abstützt, denkt der Reiter nicht nur an »Halt«, sondern schon an »Rückwärts«. Und er achtet darauf, die Parade gut vorzubereiten. (Hannoveraner »Calvados«, 10-jährig)

indem es die Aufforderung des Menschen ignoriert und einfach weiter in seinem bequemen Trott läuft und das Gleichgewicht auf »Vorwärts« ausgerichtet bleibt.

Damit das Pferd bei einer Parade hinten Last aufnimmt sind eine Veränderung des Gleichgewichts und der Position von Hals und Kopf nötig.

Für unser Übertreibungskonzept könnte das bedeuten: Das Pferd, welches eine Parade vom Trab in den Schritt ignoriert, wird vom Trab über den Schritt und das Halten ins Rückwärts gebracht. Man übertreibt die Richtung, die man haben möchte – bis hin zum Umwandeln der Bewegungsrichtung. Durch die Balance-Verschiebung im Rückwärtsrichten wird das Pferd zudem gut auf die Hinterhand gebracht, vorausgesetzt das Rückwärts wird mit freier Schulter erreicht und nicht mit einem ziehenden Zügel.

Unterstützen kann man das Pferd bei Übungen, die ihm schwerfallen, auch, indem man ihm eine zweckmäßige Haltung für diese spezielle Übung anweist.

Position vor Aktion – gute Vorbereitung ist die halbe Lektion

Zu den obigen Ausführungen passt die von Baucher geforderte Vorgehensweise **»Position vor Aktion«.** Damit ist gemeint, dass man das Pferd durch Anweisen einer geeigneten Haltung in eine für die nachfolgende Übung geeignete Balance bringt, bevor man die Übung beginnt. Das Pferd wird schlicht und einfach auf geforderte Aktionen gut durch Positionsänderungen und verbessertes Gleichgewicht vorbereitet.

Ein Beispiel für »Position vor Aktion«: Bevor das Pferd angehalten werden kann, sollte sein Gleichgewicht verbessert werden, indem man seinen Hals etwas anhebt. Dadurch entlastet es seine Vorhand, was zu einer besseren Qualität des Anhaltens, zu einem besseren »WIE«, führt.

Ein weiteres Beispiel (siehe auch »Natürliche Schiefe« Seite 84): Wenn ein Pferd – weil es links hohl ist – auf die rechte Schulter und dadurch in eine Rechtswendung hineinfällt, macht es Sinn, vor der Rechtswendung das Pferd etwas stärker nach rechts zu stellen und die rechte Schulter oben und leicht außen zu halten, damit diese Position das Hereinfallen verhindert. Das Pferd hat dann in der Rechtsstellung mit freier rechter Schulter eine bessere Ausgangsposition und ein

besseres Gleichgewicht für die geforderte Rechtswendung.
»Position vor Aktion« für eine Linkswendung mit dem links hohlen Pferd würde bedeuten, das Pferd sehr gerade zu halten, damit es nicht über die rechte Schulter nach außen ausbricht und aus der Balance kommt. Die rechte Schulter muss praktisch durch den äußeren Zügel kontrolliert werden, damit kann die Aktion »Linkswendung« verbessert ausgeführt werden.

Eine grundsätzliche Richtlinie für solche Ausweichmanöver des Pferdes über die Schulter ist, dass man das Pferd in die Richtung stellt, in die seine Schulter ausweichen will und versucht, die ausweichende (zu stark belastete) Schulter oben zu behalten.
Um die Umsetzung von Übungen zu erleichtern folgen wir im Anschluss einem weiteren Prinzip, das physiologisch betrachtet sehr wertvoll für das Pferd ist.

»Entspannung vor Kraft«

Ein Grundsatz, den auch Baucher schon aufgestellt hat, heißt »Entspannung vor Kraft«. Das bedeutet, dass man niemals in eine Verspannung hinein eine kraftvolle Aktion startet. Auch mit dieser Prämisse sind die Flexionen und die Mobilisierungen, die später beschrieben werden (siehe Seite 59ff), der Schlüssel zum Erfolg. Das Pferd soll erst Kraft aufwenden, wenn es durch Gelöstheit zur einer gewünschten Bewegung oder Haltung in der Lage ist. Dieses wichtige Prinzip wird leider in der modernen Reiterei oft missachtet. Richtig angewendet schont es den Pferdekörper und unterstützt alle Bewegungsabläufe hinsichtlich vermehrter Leichtigkeit.

Wenn man die Pferde durch langes Abtraben oder Abgaloppieren zu entspannen versucht, ist dies unserer Meinung nach eine Entspannung durch Ermüden. Am nächsten Tag beginnt man wieder von vorne, weil das Pferd sich nicht durch die eigentliche funktionelle Arbeit entspannt. Und diese Arbeit sollte unbedingt zuerst ausführlich im Schritt erarbeitet werden, bis die Losgelassenheit soweit fortgeschritten ist, dass man sie mit in höhere Gangarten nehmen kann. Ist das Pferd sehr übermütig und hat keine Geduld, um langsam im Schritt zu arbeiten, ist es hilfreich, wenn man ihm vor der Arbeit freilaufend oder an der Longe etwas ungezwungene Bewegung ermöglicht.
Setzt man als Konzept auf Entspannung durch Ermüdung, so erzieht man sich ein Pferd, was immer mehr Kondition im falschen Bewegungsablauf entwickelt. Der Fortschritt bleibt aus und die Belastung durch ewiges Traben oder Galoppieren in einem verspannten Zustand hat negative Auswirkungen auf den Bewegungsapparat. Außerdem kann ein ermüdetes Pferd nicht mehr besonders gut »wirklich« arbeiten, sich weniger gut konzentrieren und schlechter lernen. Das können wir an uns selbst gut ausprobieren: Wenn wir uns verausgabt haben, ist wenig Konzentration für das Lernen eines neuen Bewegungsablaufs vorhanden.
Es ist schade, dass Bauchers Konzepte häufig abgelehnt werden, denn seine Erkenntnisse sind

hochaktuell, wenn auch unbequem für viele Menschen, die einige ihrer fest gefügten Einstellungen überdenken müssten. In der modernen Erkenntnis der Medizin, in alternativen Heilverfahren und in der Biomechanik bekommt Baucher Recht. Und die Tatsache, dass es so viele kranke Pferde gibt, macht ein Umdenken erforderlich. Da wir Ermüdung insgesamt eher entgegenwirken möchten, folgen wir nun einem weiteren Grundsatz, der viele psychologische und physiologische Vorteile mit sich bringt.

Kurze Reprisen

Kurze Reprisen – die Arbeit in kurzen Abschnitten mit kleinen Zwischenzielen und darauf folgenden Pausen – sind ein gutes »equizentrisches« Arbeitsprinzip. Pferde können leichter verstehen und lernen, wenn sie bereits nach einem kurzen Ansatz eines richtigen Ablaufs pausieren dürfen und danach neu angesetzt wird. Zu lange oder zu komplexe Einheiten bringen deutlich geringere Lern- und Trainingsfortschritte.
Nicht nur Pferde, sondern auch Menschen sind mit diesem Prinzip gut beraten, denn die Arbeit in kurzen Zeiträumen mit hoher Konzentration fördert zumindest beim Menschen die »Bewusstheit« für Bewegungsabläufe. In der nachfolgenden Pause kann sich das Gelernte setzen und Pferd und Mensch können sich erholen. Das ist lernphysiologisch und lernpsychologisch sinnvoll. Die Länge der Reprisen wird an den Ausbildungsstand und die Zwischenergebnisse angepasst.
Der Aufbau der Muskulatur erfolgt immer am besten durch wechselnde An- und Entspannung. Ein durchdachtes »Intervalltraining« ist die beste Vorbeugung gegen Verspannungen und Überforderung geistiger wie körperlicher Art. In jeder Sportart, die von Menschen ausgeübt wird, ist dieses Prinzip schon lange Standard. Warum es im Pferdesport bislang so wenig Beachtung fand, ist eigentlich nicht verständlich, arbeitet doch die Muskulatur des Pferdes genauso wie die des Menschen, und der Mensch könnte sich mit etwas Phantasie und Einfühlungsvermögen gut vorstellen, wie ein Pferd sich fühlt, wenn es mit verspannter Muskulatur arbeiten muss. Kerstin Diacont begegnet in ihren Seminaren dieser Thematik mit einigen Übungen, die es dem Menschen ermöglichen, sich in das Pferd hineinzuversetzen.

Das Pferd und seine momentane Verfassung sollte stets im Vordergrund des Trainings stehen und nicht eine Lektion, die man sich in den Kopf gesetzt hat oder die in einer demnächst genannten Dressurprüfung klappen muss. Da läuft im heutigen Reitsport einiges schief. Dressur-Lektionen sollten nicht Selbstzweck sein, um in einer Dressurprüfung zu glänzen. Sie sollten dem Pferd vor allem zu einer verbesserten Balance unter dem Reiter verhelfen. Wenn das erreicht ist, kann das ausbalancierte Pferd in der Dressur vorgestellt werden.

Körperhaltung und Losgelassenheit

Losgelassenheit bezeichnet das **Spiel in der Bewegungsmuskulatur**, bei dem die Antagonisten wirklich im Wechselspiel arbeiten und nicht gleichzeitig gegeneinander anspannen.

Ein Beispiel: Wenn der Beuger des Sprunggelenks arbeitet (sich verkürzt), um das Gelenk zu beugen, sollte der Strecker komplett loslassen (d.h. gedehnt werden können), damit der Beuger nicht gegen den Strecker »ankämpfen« muss. Das Gleiche gilt umgekehrt: Wenn der Strecker verkürzt wird, muss der Beuger in der Dehnung loslassen. Das leuchtet ein, ist aber leider nicht selbstverständlich. In Bewegungen mit falscher Spannung (= Verspannung) arbeiten die Antagonisten oft dauerhaft gegeneinander; die losgelassene, gedehnte Phase fehlt und daraus entstehen langfristig ernsthafte Probleme für den gesamten Organismus. Die Beweglichkeit wird eingeschränkt, Bewegungen werden unökonomisch und unrund, und die entsprechenden Gelenke (in diesem Beispiel das Sprunggelenk) werden unnötig belastet.
Der Druck auf die Gelenke ist viel höher, wenn die Antagonisten dauernd gegeneinander arbeiten. Gleichzeitig ist der Zug auf den Sehnen, mit denen die Muskeln an den Knochen befestigt sind, viel größer. Auch die Bänder, die die Gelenke zusammenhalten werden strapaziert. Zudem ist durch dauerverspannte Muskulatur die Durchblutung der Gelenke vermindert. Die Gelenke werden immer nur indirekt durch Diffusion durchblutet, weil es hier keine größeren Blutgefäße gibt. Damit die Durchblutung nicht eingeschränkt ist, sollte die Umgebung der Gelenke möglichst wenig Blockaden und Verspannungen aufweisen. Nur bei einem gut durchbluteten Gelenk sind eine gute Nährstoffversorgung und der einwandfreie Abtransport von Stoffwechselendprodukten gewährleistet. So können kleinste Verletzungen - die man oft überhaupt nicht bemerkt - einfach und schnell vom Körper repariert werden. Bei Dauerverspannungen und Dauerblockaden ist die Versorgung oft so stark eingeschränkt, dass sich kleine Verletzungen manifestieren und zu chronische Entzündungen werden können. Daraus können langfristig Probleme wie Arthrosen entstehen, die man mit gutem Training hätte vermeiden können.
Wenn man die Durchblutungsstörungen durch funktionelle Arbeit verhindert und damit die Belastung für die Gelenke reduziert, ist die Gefahr von Verletzungen viel geringer. Wie oft hat man schon gehört: »Der hat sich auf der Koppel die Sehne gezerrt. Das hat nichts mit dem Reiten zu tun!« Wir behaupten: »doch«, denn die wirklich gut gearbeiteten Pferden ziehen sich nur ganz selten Verletzungen auf der Koppel zu, weil sie gelernt haben, sich zu koordinieren und ihre Muskulatur funktionell zu benutzen. Das ist kein Zufall und lässt sich durch das zuvor Beschriebene gut verstehen.
Oft kann man beobachten, dass Pferde mit körperlichen Einschränkungen und Blockaden, die in der Herde auf der Koppel in der Rangfolge ganz unten standen, nach einer funktionellen Ausbildung, die ihre Beweglichkeit und damit ihr Selbstbewusstsein verbesserten, in der Rangfolge aufgestiegen sind.

Neben der Bewegungsmuskulatur, die mit wechselnder Anspannung der Antagonisten arbeiten muss, gibt es noch die **Haltemuskulatur**, die für die **Körperhaltung** zuständig ist. Diese arbeitet tatsächlich ohne wechselseitige Verkürzung oder

Verlängerung des Muskels in **isometrischer »Haltespannung«**. Dabei ist keine Bewegung erforderlich. Nennen wir diese Haltespannung einfach die **»funktionell richtige Haltung«**. Sie hält das ganze Pferd aufrecht. Gäbe es die Arbeit der Haltemuskulatur nicht, würde das Pferd flach am Boden liegen und Bewegung wäre gar nicht möglich. Die angestrebte Losgelassenheit (= Rhythmische Anspannung und Entspannung) bezieht sich immer nur auf die Gelenke, die mit der Bewegungsmuskulatur gebeugt und gestreckt werden. Zur **funktionell richtigen Haltung** gehört auch die Fähigkeit, sich der Bewegung anzupassen. Das bedeutet, dass Haltung nicht starr und statisch sein kann. In unserer Art zu arbeiten werden die Haltemuskeln angesprochen und Balance hergestellt, bevor die Bewegungsmuskeln aktiviert werden (Position vor Aktion). Diese Reihenfolge ist sehr effektiv und kräfteschonend. Sie wird auch im funktionellen Training beim Menschen mit Erfolg angewendet.

Isometrische Spannung schränkt Bewegung ein, darf also nicht vorhanden sein, wenn Bewegung gefordert ist. Nötig und richtig ist sie jedoch, wenn es um die **Stabilisierung** des Rumpfes, wie bei der aufrechten Haltung des Menschen, geht. Die Stabilität des aufgerichteten Oberkörpers darf die Beweglichkeit im Becken und in den Extremitäten nicht beeinträchtigen. Genauso ist es beim Pferd: **Die Stabilität der Haltung darf nicht auf Kosten der Beweglichkeit gehen.** Beides ist notwendig.

Ein Aspekt der Versammlung, wie wir sie verstehen, kann auch folgendermaßen ausgedrückt werden und beschreibt den Zustand, in den der Körper gerät: Tragkraft und Federkraft durch Elastizität entstehen durch das Training der elastischen Fähigkeiten von Binde- und Stützgewebe. Kinetische Energie wird durch Muskel- und Schwerkraft im Bindegewebe aufgenommen und wieder freigesetzt. Dies geschieht, soweit es die Versammlung betrifft, vorwiegend in **vertikaler Richtung**. Somit wird die Balance frei von »haltenden« Hilfen unterstützt. Freie Balance heißt: Keinerlei Anlehnung; das Pferd darf keine Gelegenheit bekommen, sich im Zügel abzustützen. Selbst 100 Gramm auf dem Zügel sind noch zu viel.

Freie Balance schont Kräfte, verbessert das Körpergefühl, sorgt für »Ökonomie« in der Bewegung und verhindert Verschleiß. Die entstehende Bewegungsvielfalt führt zu verbesserter Koordination, die auch das Verletzungsrisiko minimiert.

Eine hohe Mobilität des Bindegewebes und der Wirbelsäule gewährleistet einen optimalen Stoffwechsel sowie eine reibungslose Funktion des Nervensystems und trägt somit zur Gesunderhaltung des gesamten Organismus wesentlich bei.

Im Unterschied dazu ist bei der gängigen »Spannungsbogenreiterei« im Dressur-Sport die Muskelarbeit eine andere: Hier wird ein erhöhter Muskeltonus erzeugt, weil das Pferd durch **horizontale**/schiebende/dynamische Kräfte seiner Bewegung gegen die durchhaltende Hand arbeitet. Die Bewegungsmuskulatur bekommt dadurch falsche isometrische (= dauergespannte) »Anteile«. Die daran beteiligten Muskeln tragen eher weniger zur Tragkraftentwicklung bei. Selbst wenn die Anlehnung im Idealfall auch bei der Spannungsbogenreiterei geringer wird, entsteht durch dieses Vorgehen falsche Spannung im Pferd. Durch die erhöhte Muskelspannung wird die Bewegungsvielfalt eingeschränkt. Das Pferd befindet sich in seiner Gesamtheit nicht in freier Balance, sondern wird künstlich gespannt und zusammengehalten.

Fassen wir zusammen: **Eine der zentralen Aufgaben einer guten Arbeit an der Hand genauso wie einer guten Ausbildung unter dem Sattel ist es, die Losgelassenheit in der Bewegungsmuskulatur zu erreichen und die Körperhaltung und die damit verbundene Balance zu verbessern.**
Dies geschieht durch systematisches Training, in dem das Pferd auch lernt, eine zweckmäßige Haltung selbständig einzunehmen und nicht durch Zwang.

Hilfszügel? Nein, danke – keine Anwendung von Zwangsmitteln!

Ein weiteres wichtiges Arbeitsprinzip ist der Ausschluss von Zwangsmitteln zum Beispiel in Form von Hilfszügeln. Die Haltung des Pferdes inklusive der Beizäumung darf niemals erzwungen werden. Wer sich in der Ausbildung auf Hilfszügel verlässt, richtet damit meist Schaden an. Hilfszügel bringen das Pferd immer in eine Zwangshaltung. Das Pferd wehrt sich gegen diese Haltung, weil es sie noch nicht einnehmen kann, bekommt Schmerzen, verspannt sich erneut und trainiert dabei unter Umständen die falschen Muskeln, die als Widerstand gegen die Zwangshaltung gerichtet werden.

Eine Haltung, die vom Pferd **selbstständig** eingenommen und erhalten werden kann, ist ein wichtiges Ausbildungs-Ergebnis und kann niemals mit einer Zwangshaltung verglichen bzw. mit Zwang erreicht werden. Elegante Bewegungen brauchen Freiheit. Beschränkt man jedoch die Bewegungsfreiheit von Kopf und Hals mit einem Hilfszügel, zäumt man das Pferd vom Schweif her auf – d.h. man beginnt mit der Kontrolle an der falschen Stelle. Das Pferd benötigt den Hals, um sich auszubalancieren, solange es noch nicht hundertprozentig im Gleichgewicht ist. Verhindert man diese natürlichen Balancier-Bewegungen, entstehen schwerwiegende Probleme in Pferdekörper und Pferdepsyche. Viel wichtiger ist es, die Schulter und die Aktivität der Hinterhand zu kontrollieren – und auf diese haben Hilfszügel keinen bzw. nur negativen, blockierenden Einfluss. Deshalb plädieren wir ganz deutlich dafür, auf »Krücken«, wie sie Hilfszügel darstellen, zu verzichten! Viele Probleme lösen sich von allein, wenn man dem Schüler »Pferd« nur genug Zeit lässt, um sich zu entwickeln und ihn sinnvoll anleitet.
Wenn die Arbeit fortschreitet, stabilisiert sich die Haltung des Pferdes und es kommt vermehrt »an die reiterlichen Hilfen«. Hat dies auch Nachteile für das Pferd?

»An den Hilfen« – eine Einschränkung der Freiheit?

Wir wollen, dass ein Pferd »an den Hilfen steht«, damit wir es leicht kontrollieren können.
Was bedeutet nun aber »an den Hilfen«? Kurz gesagt: einfach nur konzentrierte Aufmerksamkeit

von beiden Partnern – Mensch und Pferd – auf die jeweiligen Äußerungen des anderen. Der Mensch gibt sanft eine Hilfe in einem Moment, wo diese sinnvoll empfangen werden kann und »wartet« darauf dass das Pferd sie ausführt. Stülpt man dem Pferd eine Hilfe im falschen Moment über, entsteht meist Spannung als erste Reaktion auf die Hilfe. Beobachten Sie mal, ob Ihr Pferd auf die meisten Hilfen nicht immer erst mit Spannung reagiert, bevor es etwas verändert. Dies ist ein sehr ungünstiger Umstand und muss langsam durch herantastende und »gut erklärte« Hilfen aufgelöst werden. Ein sehr kleinschrittiges, einfühlsames Vorgehen, bei dem jeder kleine Zeitabschnitt gut beobachtet werden kann, hilft bei diesen Schwierigkeiten. Nun wird bei fortgeschrittener Arbeit das »Hilfengespräch« zwischen den Partnern immer subtiler, feiner und leichter. Kein Dauertreiben, kein ständiges »Einspannen« des Pferdes zwischen Bein und Zügel bzw. treibenden und verhaltenden Hilfen, sondern die konzentrierte Bereitschaft, auf den anderen zu hören sind dann Kennzeichen einer methodisch auf Dialog ausgerichteten Arbeit.

Das gut an den Hilfen stehende Pferd hat volle Reaktionsbereitschaft, weil es Vertrauen in die Entscheidungen des Menschen hat. Seine Reaktionen sind dann prompt und weich. So entsteht eine Einheit zwischen Mensch und Pferd, die auf Vertrauen, Einfühlung und Aufmerksamkeit beruht.

Das Pferd, welches in dieser Weise ausgebildet wird, wächst in seiner Persönlichkeit und wird sich vom Menschen nicht ohne Weiteres ungerecht behandeln lassen.
Der Begriff Autorität ist in diesem Zusammenhang von Bedeutung: Autoritäres Verhalten des Menschen bei der Ausbildung des Pferdes ist durchaus erwünscht. Echte Autorität ist etwas Positives und gibt dem Pferd Sicherheit. Und echte Autorität kommt ohne Gewalt aus! Sie entsteht aus **Kompetenz und Souveränität**.
Nur, wenn man gezielt Einfluss auf die Bewegungen des Pferdes nehmen kann und die Hilfen vom Pferd exakt (weil ohne Widerstand) befolgt werden, ist ein Verlassen der Komfortzone – und damit ein Ausbildungsfortschritt in Richtung Kräftigung des Körpers – wirklich möglich. Nur ein losgelassenes, an den Hilfen stehendes und somit aufmerksames Pferd hat die Bereitschaft, zu lernen.
Heutzutage wird das Thema **Freiheit** ganz groß geschrieben. Zirzensik und Freiheitsdressur, ohne Zaum, ohne Haltung – all dies nützt dem Pferd recht wenig in seiner Ausbildung, die darauf abzielen sollte, ohne Schaden für Gelenke und Rücken einen Reiter zu tragen. Eine gute Ausbildung mit einem Gebiss, welches hilft, das Maul und damit das Pferd zu entspannen, ist schwierig genug. »Frei«, d.h. ohne einen begrenzenden Zügel, gelingt das den meisten Menschen noch weniger. Die Arbeit wird nutzlos, weil ein Pferd nicht aus freien Stücken in eine für das Reiten

geeignete Arbeitsweise und Versammlung kommen wird. Das Pferd wird immer versuchen, den einfachsten, energiesparendsten Weg zu gehen. Und dieser ist in den seltensten Fällen geeignet, seinen Rücken und seine Gelenke vor Überlastungsschäden durch das Reitergewicht zu schützen. Wir müssen auf einen bestimmten Grad der Freiheit verzichten und das Pferd vernünftig anleiten, damit es keinen Schaden davonträgt. Denn wir sind verantwortlich für sein Wohlergehen. Trotzdem verbannen wir den Freiheitsbegriff nicht völlig aus der Arbeit mit dem Pferd. Unser Freiheitsbegriff ist der von **»Freiheit auf Versprechen«**. Wir gewähren dem Pferd Handlungs- und Bewegungsfreiheit (und einen losen Zügel) ohne störende Einwirkung des Menschen, solange es in einem vorgegebenen Rahmen arbeitet. (Das setzt bei der Arbeit im Sattel jedoch einen gut im Gleichgewicht sitzenden Reiter mit gutem Körpergefühl voraus, der nicht unabsichtlich stört.) Um reell Einfluss auf das Pferd nehmen zu können beschränken wir uns in diesem einführenden Buch auf die von Sonja Weber ausgeübte altbewährte »klassische« Methode und erarbeiten die Übungen mit Kappzaum und Gebiss. Nur als Ausnahme zeigen wir ein Foto von einer zaumlos gerittenen Piaffe, die als Ergebnis der Ausbildung mit den verschiedenen Zäumungen (Kappzaum, Trense, Kandare) zu werten ist.

Relative Freiheit ist das Ausbildungsziel; sie kann nicht am Anfang stehen. »Marialva«, 20-jährig, mit Kappzaum, Trense und Kandare ausgebildet. Er kann als Ergebnis zaumlos geritten werden, weil er in Balance und am Sitz ist.

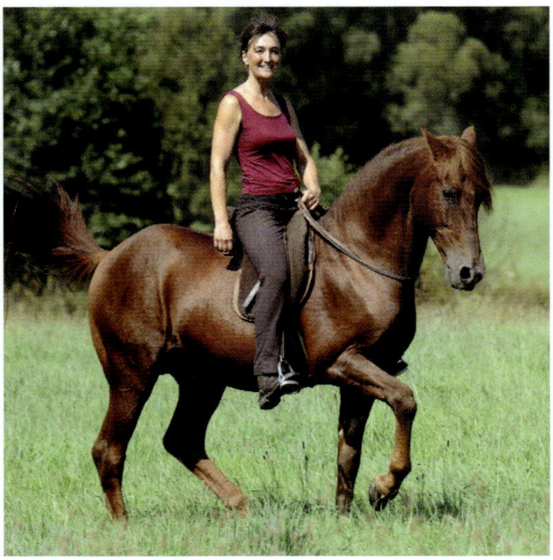

Komfortzone verlassen

Wie schon mehrfach erwähnt, verlassen Pferde von sich aus nicht gerne ihre Komfortzone. Darin unterscheiden sie sich nicht von Menschen. Das Verlassen der Komfortzone ist unbequem und anstrengend. Warum also sollte man es tun? »Energiesparen« liegt in der Natur von Mensch und Pferd. Neugier und das Streben nach Belohnung allerdings auch. Und diese beiden Eigenschaften machen die Ausbildung und den Fortschritt möglich. Jedes Pferd wird freiwillig mitarbeiten, wenn es sich eine Belohnung erhofft. Belohnung kann Entspannung in einer Pause sein, ein lobendes Wort oder eine mental positive Einstellung des Menschen – oder auch mal ein Leckerli. Es ist erstaunlich, wie motiviert die Pferde mitarbeiten, wenn sich die Arbeit positiv auf ihr Befinden auswirkt. Es hat den Anschein, als würden sie merken, wie gut ihnen die Arbeit tut. Natürlich wird ein Pferd auch immer einmal versuchen, anstrengende Arbeit (Versammlung) zu vermeiden: Es wird Ausweichhaltungen einnehmen, langsamer werden, keine Energie liefern usw. Das ist normal, und wir müssen immer wieder versuchen, dem Pferd die Arbeit schmackhaft zu machen und es in die Haltungen hinein zu locken, die wir haben wollen. Dauerhaft starke Widerstände deuten jedoch darauf hin, dass etwas nicht stimmt.

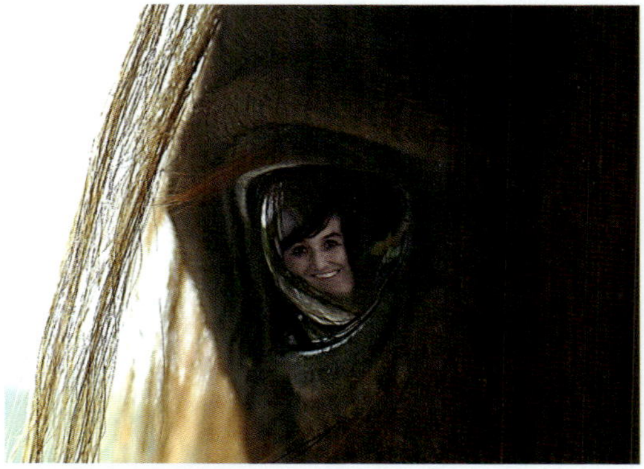

Das Pferd als Spiegel des Menschen.

Die innere Einstellung für erfolgreiche Pferdeausbildung

Wer Pferde gut ausbilden will, braucht vor allem ein gutes Einfühlungsvermögen, Souveränität, Ausgeglichenheit und die Bereitschaft zur Selbstbeobachtung.

Pferde spiegeln uns in all unseren Wünschen und Hoffnungen, aber auch in unseren Ängsten. Die Antwort, die uns die Pferde in der Interaktion geben, ist hilfreich bei der Selbstbeobachtung. Zur Selbstbeobachtung gehört auch, sich darüber klar zu werden, welche Bedeutung das Pferd für einen persönlich hat. Wir plädieren dafür, auf jeden Fall das Pferd Pferd sein zu lassen, es also nicht zu vermenschlichen. Man sollte so viel über das Pferd und seine Eigenheiten als Art wissen, dass man sich in dieses »andersartige« Tier einfühlen kann. Einfühlung ist eine wichtige Grundlage für erfolgreiche Arbeit. Dazu gehört auch, keine menschlichen Verhaltensweisen in das Pferd hineinzuinterpretieren, wie z.B. »der verarscht mich« oder »der will es mir recht machen«. Das würde immer voraussetzen, dass ein Pferd ein eindeutiges strategisches Ziel in seinen Handlungen uns gegenüber hat. Ganz gleich, ob es nun negativer oder positiver »Vorsatz« ist, den wir in das Pferd hineininterpretieren, in jedem Fall verstellt es uns den Blick auf das, was in diesem Moment **IST**.

Viel wichtiger ist es ganz unvoreingenommen darauf zu reagieren, was das Pferd macht.

Es gilt – nicht nur im Umgang mit dem Pferd:

»Wenn Du etwas verändern willst, fang bei Dir selbst an.«

Ein Beispiel: Ein Pferd geht nicht besonders gut vorwärts, lässt sich stark treiben und/oder lässt schnell wieder an Tempo nach. Der Mensch meint: »Der veräppelt mich.« Aus der Sicht des Pferdes kann das ganz anders aussehen: Es hat sich daran gewöhnt, dass der Reiter ständig Impulse oder sogar Druck mit dem Schenkel gibt, aber keine wirkliche Reaktion einfordert. Viele Reiter haben leider sogar gelernt, dass man ständig treiben und ständig vorne parieren soll. Sie sind wie der berühmte Schwätzer, dem keiner mehr zuhört, weil er mit seinen Reden die Zuhörer »dauerberieselt«. Warum sollte das Pferd also auf einen Impuls unter vielen anderen auf einmal reagieren?

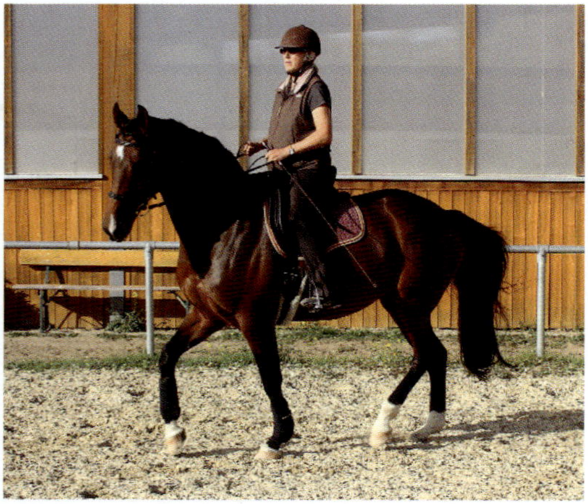

Still und im Gleichgewicht sitzen und nur Impulse geben, wenn man auch wirklich etwas vom Pferd will. Mit diesem Konzept wird das Pferd auch auf feine Hilfen reagieren.

Das Pferd hat demnach »gelernt«, nicht zu reagieren. Da hilft nur Resensibilisierung von Pferd und Mensch, eine Reduzierung der treibenden Impulse und das konsequente Einfordern einer Reaktion auf einen Impuls – durch die Unterstützung mit der Gerte, deren Bedeutung dem Pferd zuvor gezeigt wurde. Das Pferd wird so durch sinnvolles Vorgehen dazu erzogen, die Aktivität beizubehalten und auf feine Hilfen zu reagieren.

Hat man dem Pferd die Bedeutung der Gerte nicht erklärt, reagiert es dann vielleicht mit Ausschlagen auf die Gerte, weil sie ihm unangenehm wird. Denn erst, wenn die »unverständliche« Gerte zu unangenehm wird, wehrt sich das Pferd gegen sie. Es reagiert immer im Hier und Jetzt auf das, was ist.
Erklärt man dem Pferd durch sinnvolles Abstimmen auf Gerte und Schenkel, was diese bedeuten und setzt man die Hilfen bei Erfolg sofort aus, wird das Pferd sein Verhalten ändern und freiwillig vorwärtsgehen. Es sei denn, es ist körperlich so blockiert, dass es sich ungern bewegt oder es reagiert auf einen zaudernden Menschen, der eigentlich gar nicht wirklich will, dass das Pferd vorwärts geht, weil er davor Angst hat. Häufig ist zu beobachten, dass so genannte träge Pferde sofort reflexhaft wieder vom Menschen gebremst werden, wenn sie denn endlich einmal vorwärts gehen. Wird sich der Mensch nun seiner Angst bewusst und kann sie überwinden, klappt es auch mit dem Vorwärts. Nur dann sind seine Hilfen auch klar und enthalten kein »unbewusstes Bremssignal«.

Im Hier und Jetzt arbeiten

Lassen Sie also das Interpretieren. Reagieren Sie auf das, was **IST** – ohne besondere Deutung, einfach, klar und direkt: Das Pferd wird langsamer – der Mensch treibt energisch bis das Pferd reagiert, das Pferd wird schneller – der Mensch hört auf zu treiben. Dann wird der Vorgang wiederholt, bis es prompter und leichter klappt. Solange bis ein sehr feines Ergebnis erzielt ist. »Einfach und klar« zu agieren fällt vielen Menschen schwer, weil sie in ihren erlernten Mustern fest hängen (immer weiter treiben). Und statt sich darauf zu konzentrieren, was man haben möchte (zielorientiert zu denken), wird ein negativer Vorsatz ins Pferd hineininterpretiert und damit eine ungünstige innere Haltung erzeugt, die einem Gelingen im Weg steht.
Es gibt einen Satz von Albert Einstein, der gut zu diesem »Festhängen in alten Mustern« passt:

»Eine Form des Wahnsinns ist es, immer wieder das Gleiche zu tun und dabei andere Ergebnisse zu erwarten.«

Wir alle neigen zu komplizierten Gedanken und haben es oft schwer, uns ganz auf die Einfachheit des Pferdes einzustellen. Pferde reagieren direkt und ohne »Umwege« auf das, was der Mensch ausstrahlt – und zwar auf alles: Bewusstes und Unbewusstes, Absichtliches und Unabsichtliches. Das Pferd als »Meister im Lesen der Körpersprache« nimmt jede innere Einstellung, jede Geisteshaltung des Menschen wahr.

Eine gute innere Einstellung dem Pferd gegenüber wäre, sich auf dieses unbedarfte und immer ehrlich und direkt reagierende Wesen einzustellen, sich in seine Lage hineinzuversetzen und sich immer wieder zu fragen, wie ich ihm am besten vermitteln kann, was ich von ihm will.

Manche Pferdeleute nehmen an, dass das Pferd sie »bewusst« auf etwas hinweisen oder »auf den richtigen Weg« bringen möchte. Wir maßen uns nicht an, das zu beurteilen. Aber wir glauben auch nicht, dass es nötig ist, dies zu wissen. Es reicht unserer Meinung nach aus, auf das was »jetzt ist«, zu schauen, angemessen zu reagieren und sich selbst dabei kritisch zu beobachten. Ein bewusstes Handeln des Pferdes vorauszusetzen scheint nicht sinnvoll, eine liebevolle Nüchternheit dagegen eher.

Wir sollten uns also immer wieder fragen: Was muss ich tun, damit das Pferd wirklich versteht, was ich von ihm möchte? Aus welchen Beweggründen und zu wessen Nutzen fordere ich etwas vom Pferd? Wie kann ich positiv und negativ verstärken (z.B. mit verstärkenden und aussetzenden Hilfen) und ihm damit verständlich machen, wohin ich das Geschehen lenken möchte. Was muss ich dabei über mich selbst als Lehrer des Pferdes wissen?

Die beste Ausbildungsmethode, die ausgefeilteste Ausbildungstechnik ist wertlos, wenn die innere Einstellung des Menschen nicht passt. Eine reflektierte und konstruktive Geisteshaltung sollte den roten Faden darstellen, um aus der Vielzahl von Methoden und Übungen, die die Ausbildungsarbeit zur Verfügung hat, die auszuwählen, die für das jeweilige Pferd in seinem aktuellen körperlichen und psychischen Zustand geeignet sind.

Ziel ist, das gesamte Geschehen und die Entwicklung des Pferdes langfristig im Auge zu behalten. Ausbildungsfortschritte und die Reaktionen des Pferdes auf die Hilfen sollten immer wieder hinsichtlich einer zunehmenden Leichtigkeit überprüft werden. Alles muss auf der Basis präziser Wahrnehmung und mit einer möglichst großen »Offenheit« geschehen.

»Offen« kann z.B. bedeuten: Neue Ideen und Wege zuzulassen. Nicht in Wunschdenken oder »Fehlergucken« zu verfallen. Bereit zu sein, das Begonnene wieder komplett zu verwerfen, wenn der eingeschlagene Weg sich als Sackgasse erweist, also nicht wider besseres Wissen an dem zu hängen, was man »eben so macht«, weil man es »schon immer so macht«. Nicht in Schubladen und einfachen Schablonen zu denken und zu handeln (z.B. »der Kopf des Pferdes muss unbedingt runter«).

Offenheit zum Wohle des Pferdes ist die Devise, die wir jetzt in den praktischen Teil mit hinübernehmen wollen.

Teil 2

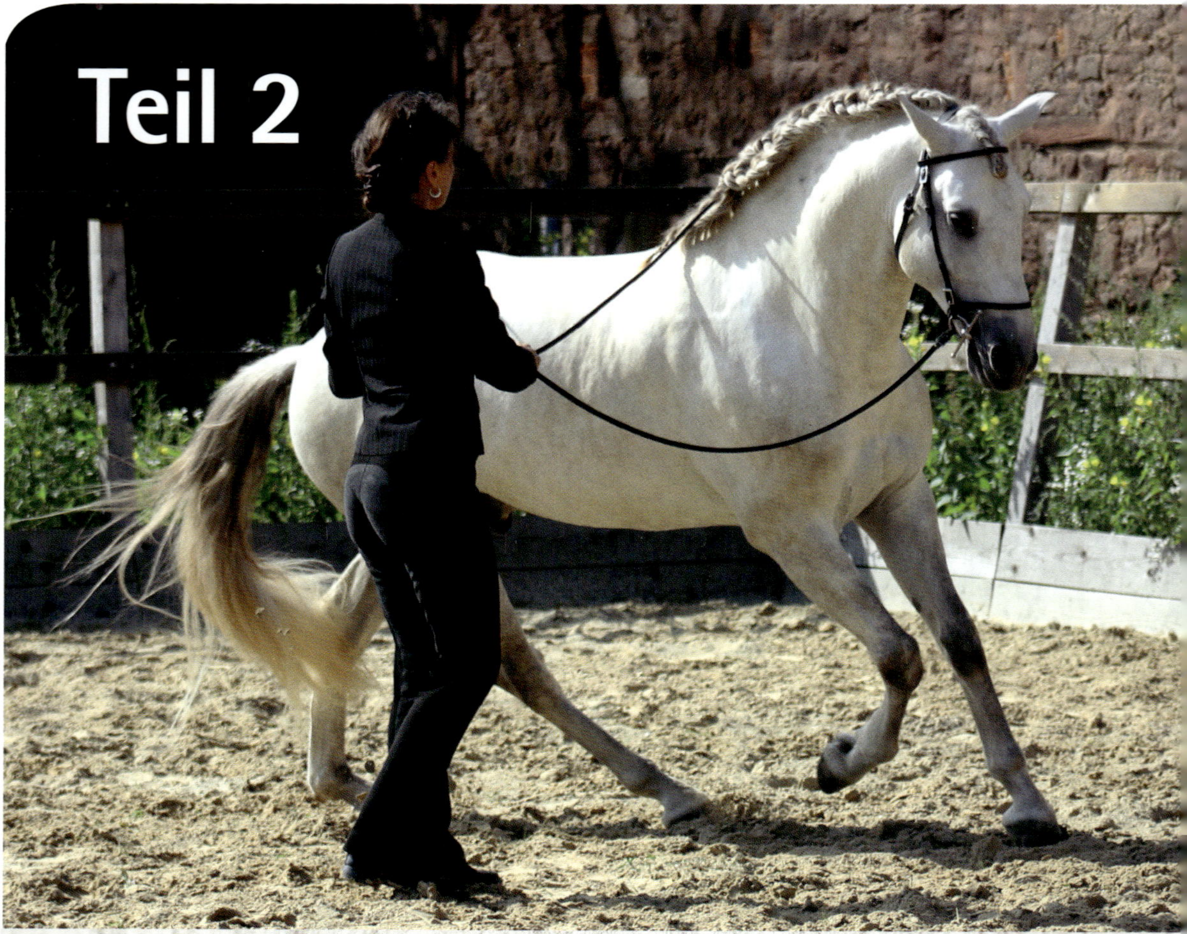

Die Praxis
der klassischen Arbeit an der Hand

Bedingungen und Ausrüstung

Für eine gelingende Arbeit an der Hand braucht man bestimmte Umgebungsbedingungen. Dazu gehört, dass eine Bande vorhanden ist oder zumindest eine Wand, die man ähnlich einer Bande nutzen kann. Wir wollen das Pferd in vielen Übungen möglichst nah an die Bande heranführen, um es einzurahmen, ohne dass es sich dabei verletzen kann. Wenn man auf einem Reitplatz arbeiten möchte, ist meist der Zaun nicht so gut geeignet, um ganz nah heranzugehen. Wir haben deshalb den Reitplatzzaun in Bandenschräge bauen lassen. Dies kann man auch nur an einer Seite nachträglich machen, dann kann man diese für die Übungen an der Bande nutzen. Zudem benötigt man mindestens eine gut durchschreitbare Ecke. Der Untergrund sollte griffig, nicht zu tief und am besten etwas federnd sein.

Je nachdem, wie erfahren das Pferd und der Mensch in der Arbeit miteinander sind, gehört auch dazu, dass man eine Arbeits-Situation schafft, die die Konzentration fördert. Vermeiden Sie insbesondere bei jungen und unerfahrenen Pferden zu starke Ablenkungen, und sorgen Sie dafür, dass Sie Platz haben und nicht ständig anderen ausweichen müssen.

Ideal wäre eine nicht zu große, geschlossene Reithalle, in der das Pferd nicht durch die Umgebung abgelenkt ist. Insbesondere bei der anfänglichen Longenarbeit sind auch eine Longierhalle oder ein Roundpen hilfreich. Diese verhindern, dass das Pferd nach außen ausbricht, die Balance verliert oder gar außer Kontrolle gerät.

Eine abgeschrägte Bande erlaubt es, ganz nah an den Zaun heranzugehen. Die Ecken sollten durch einen begradigten Boden gut zugänglich sein, damit man das Pferd weit hineinführen kann.

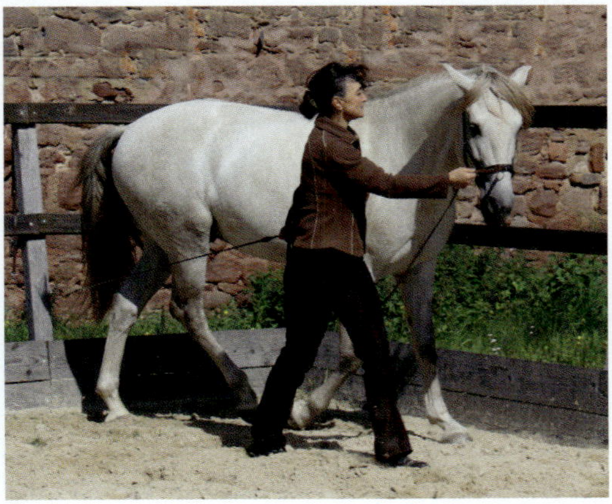

Die Ausrüstung am Pferd

Für den Anfang braucht man einen gut sitzenden **Kappzaum**. Prinzipiell ist es egal, welche Ausführung man wählt (es gibt inzwischen vielfältige Varianten aus Leder oder Kunststoff). Er muss dem Pferd passen, ohne zu verrutschen, ohne zu scheuern oder »ins Auge« zu gehen. Wichtig ist, dass er richtig verschnallt wird: Der Nasenriemen muss etwa zwei Finger unter dem Jochbein und mindestens vier Finger über den Nüstern liegen. Ein zu tief verschnallter Kappzaum kann das Nasenbein des Pferdes verletzen. Ein guter Kappzaum hat einen zusätzlichen Riemen, der das Backenstück von den Augen fernhält. Dieser und auch der Nasenriemen müssen gut festgeschnallt werden, damit der Kappzaum nicht verrutscht.

Beim Longieren wird am mittleren Ring des Nasenriemens eine gute **Longierleine** befestigt. Später für die eigentliche Arbeit an der Hand nimmt man eine Führleine oder einen herausgeschnallten Zügel.

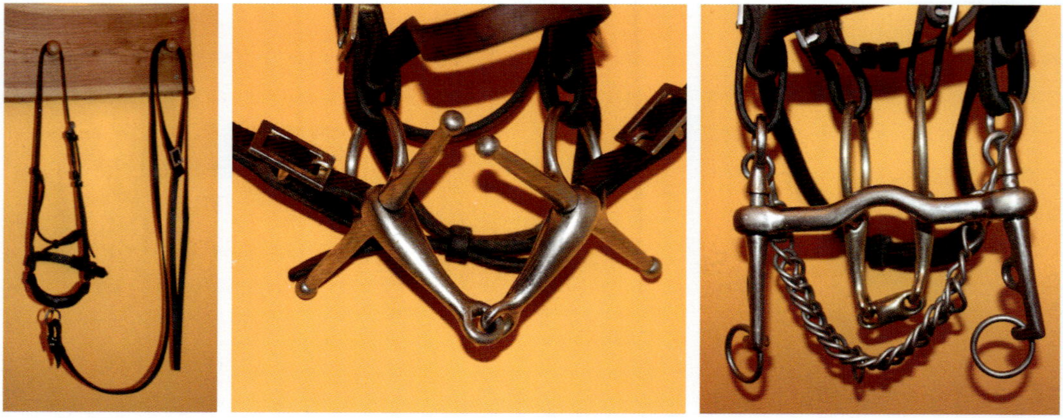

v.l.n.r.: Der Kappzaum mit Führzügel · die Schenkeltrense · die Pumpkandare mit beweglichem Stangenteil und Unterlegtrense.

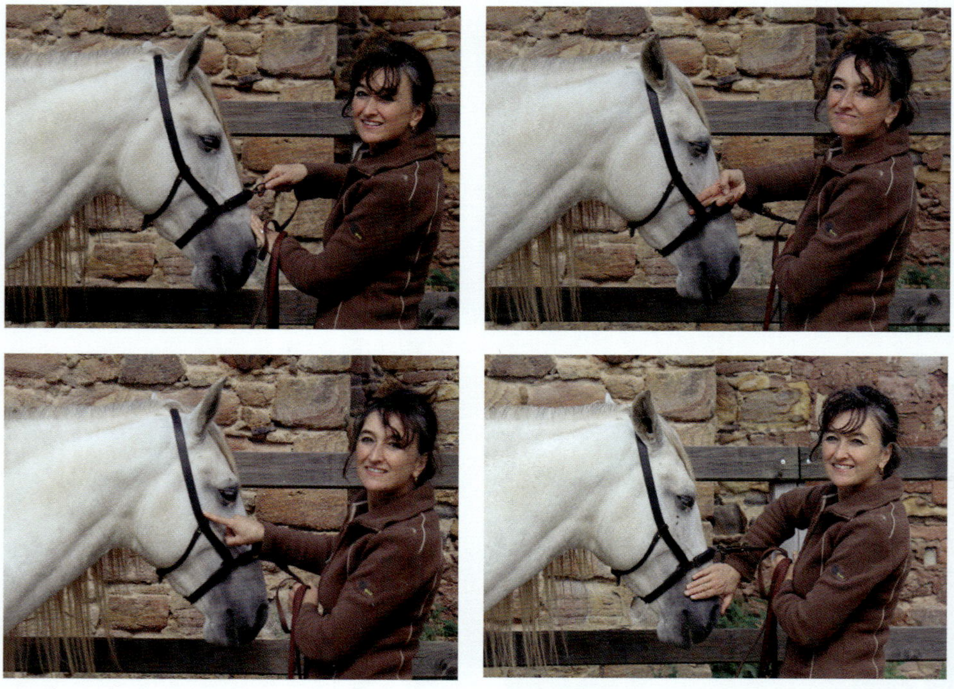

Die richtige Verschnallung des Kappzaumes: Er muss fest und hoch genug sitzen, ohne zu drücken. Das Backenstück muss weit genug vom Auge weg sein, der Nasenriemen sitzt etwa eine Handbreit über den Nüstern und zwei Fingerbreit unter dem Jochbein. Die Form des Naseneisens sollte gut zum Nasenrücken des Pferdes passen.

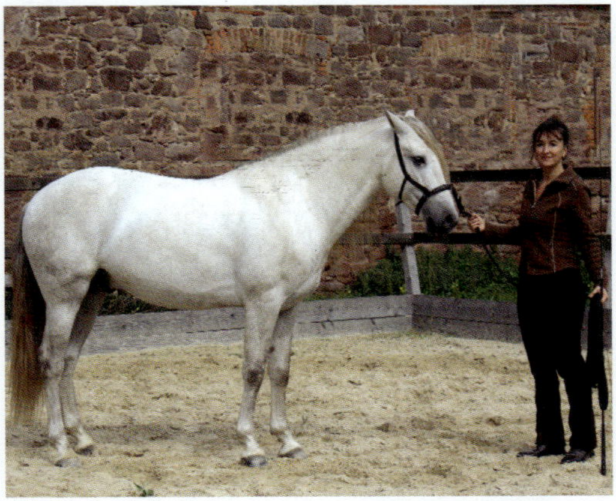

Die Longierausrüstung: Kappzaum, Longe, Longierpeitsche.

Auch der **Trensenzaum** muss natürlich gut sitzen. Der Nasenriemen wird sehr locker verschnallt. Als Gebiss eignet sich eine **Schenkeltrense** besonders gut. Das Gebiss soll der Maulbreite entsprechen, also nicht seitlich aus dem Maul herausragen. Die Schenkel sehen zwar etwas martialisch aus, verhindern aber nur, dass man den Ring durchs Maul zieht. Das Gebiss liegt damit ruhig im Maul und man kann sanft und präzise von außen auf die Maulwinkel einwirken. Damit bei den Flexionen eine etwas festere Einwirkung in die Maulwinkel hinein keinen Schaden anrichtet, sollte das Trensengebiss nicht zu dünn sein. Wir empfehlen eine Stärke von 16 bis 18 Millimetern.

Haben Mensch und Pferd bereits einen höheren Ausbildungsstand erreicht und das Pferd kann auf **Kandare und Unterlegtrense** gearbeitet werden, ist eine Kandare, die das Pferd zum Kauen anregt, also zur Entspannung des Maules beiträgt, zu empfehlen. Falls Sie bereits mit Kandare und Unterlegtrense reiten, ist eine **»Pumpkandare«** der Entspannung des Mauls sehr förderlich, weil das Pferd den Stangenteil im Maul anheben und wieder fallen lassen kann. Dieser Vorgang bringt die Zunge in Bewegung und man hört ein leises Klappern mit dem Gebiss. Das ist ein sehr gutes Zeichen.

Außerdem sind eine **Longierpeitsche** und natürlich eine **Gerte** notwendig.
Die Longierpeitsche sollte nicht zu schwer sein. Der Schlag muss lang genug sein, damit man das Pferd aus der Entfernung berühren kann. Ein Lederschlag ist zu empfehlen, da Schläge aus Kunststoff zu leicht und damit unpräzise sind.

Die Gerte sollte 1,20 bis 1,40 m lang sein und gut federn. Zu harte, starre Gerten sind unhandlich, zu weiche, schlabberige sind unpräzise und nicht gut auf den Punkt einsetzbar.

Basisarbeit mit dem Kappzaum – Beziehungsarbeit, Tempokontrolle und Linienkontrolle

Longieren »Stop And Go«-Reaktionsbereitschaft und Beziehungsklärung

Die Basisübungen sollten mit dem Kappzaum ausgeführt werden. Hierzu gehören das Longieren, erste Führübungen an der Hand und die darin enthaltene Beziehungsklärung. So kann das Pferd die wichtigen Grundlagen erlernen, ohne dass man das Maul stört. Ist das Pferd jung oder einfach nur übermütig macht es Sinn, vor der Arbeit an der Hand auf Kappzaum zu longieren, damit es seinem Bewegungsdrang nachgehen kann und später die nötige Geduld hat. Eine ausführliche Beschreibung des Longierens würde den Rahmen dieses Buches sprengen. Deshalb nur kurz einige zentrale Grundlagen: Wir finden es extrem wichtig, dass das Longieren ohne Hilfszügel erfolgt und das Pferd ungestört seine natürliche Haltung einnehmen darf. Dazu gehört auch, dass es seinen Hals leicht nach außen nehmen darf, um sich in der Wendung auszubalancieren. Es geht um **Schulterkontrolle mit stabiler Halsbasis und natürlichem Gleichgewicht**! Ein zu frühes Nach-innen-Stellen des Pferdes birgt immer die Gefahr, dass das Pferd auf die äußere Schulter fällt und auf die Vorhand kommt.

Wie schon im einführenden theoretischen Teil gesagt, stehen wir der ausführlich praktizierten Dehnungshaltung skeptisch gegenüber, denn schon hier kann das natürliche Gleichgewicht empfindlich gestört werden und muss später mühsam wieder hergestellt werden.

Ein zentraler erster Schritt bei der Arbeit an der Longe ist, dass das Pferd bereitwillig nach vorne geht und zwar auf geringste Hilfen. Es soll sehr lebendig und aktiv sein und sich auf keinen Fall zurückhalten. Natürlich bedeutet das nicht, das Pferd zu jagen und nervös zu machen. Das »richtige« Vorwärts zu erreichen, ist ein wichtiger Schritt in der Beziehungsklärung: Wir sind damit in der Lage, das Pferd weg zu treiben. In der Herde steht das Pferd, welches treibt, in der Rangordnung höher als das, welches vertrieben wird. Das Pferd, was sich von uns treiben lässt, nimmt uns und unsere Wünsche ernst. Damit haben wir sowohl seine Aufmerksamkeit als auch seinen Gehorsam.

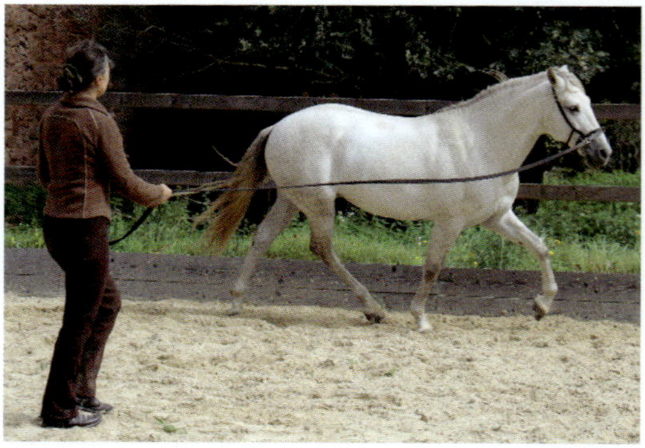

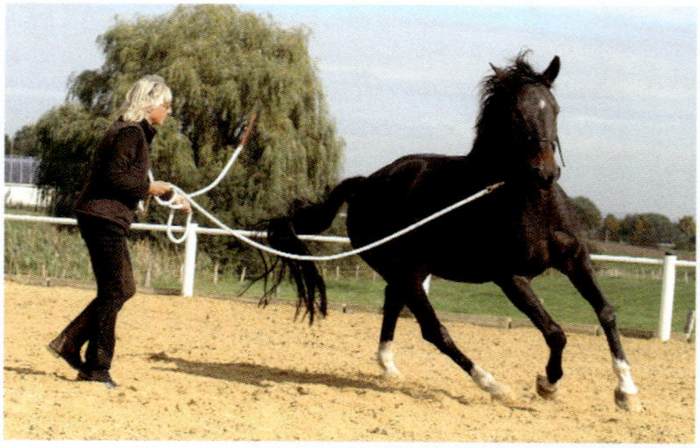

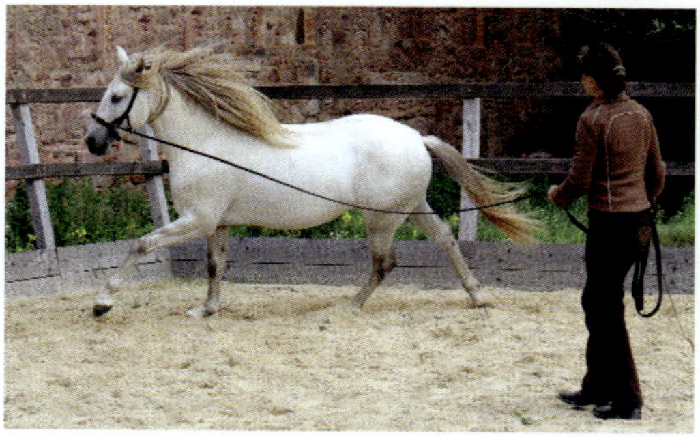

Ohne Hilfszügel nimmt das Pferd die Haltung ein, die seinem gegenwärtigen Können entspricht und in der es sich gut ausbalancieren kann. »Finito« darf sich hier mit Außenstellung bewegen. »Calvados« balanciert sich auf der engen Volte durch vermehrtes Heben der Vorhand aus.

Mit der Aufmerksamkeit geht auch eine Reaktionsbereitschaft einher und wir haben eine weitere Grundlage der Arbeit geschaffen: Wir können eine »Aktivitätshaltung« im Pferd erzeugen. So verhindern wir, dass das Pferd schläfrig auf der Vorhand läuft und treibende Signale ignoriert. In der Bereitschaft nach vorne zu gehen liegt also eine wichtige Beziehungsgrundlage. Das gilt auch für jedes Führen aus der Box, von der Koppel etc.: das Pferd muss mitkommen, ohne sich ziehen zu lassen.

Das Pferd soll sich in der Longenarbeit mühelos bremsen und treiben lassen und sich auf unterschiedlichen, vom Menschen geforderten Linien, bewegen lassen. Tempokontrolle und Richtungskontrolle (oder auch Linienkontrolle) stellen später auch in der Handarbeit wesentliche Grundpfeiler dar.

Erste Führübungen

Beim Führen können bereits Grundgehorsam und Verständigung erarbeitet werden. Das Pferd lernt, auf den Menschen zu achten, seiner Bewegungsrichtung zu folgen und sich seinem Tempo anzupassen.

Die ersten Führübungen an der Hand sollten an der Bande entlang auf Kappzaum erfolgen. Man

Pausen und Pausenhaltung

Nach jedem erarbeiteten kleinen Zwischenziel sollte man das Pferd eine Pause machen lassen.

Pause bedeutet, dass das Pferd den Hals strecken darf – wenn es möchte bis die Nase im Sand ist. Dazu müssen die Zügel oder die Führleine lang genug sein. Eine Pause an der richtigen Stelle gibt dem Pferd die positive Rückmeldung »alles gut gemacht«. Es darf sich zur Belohnung in der Pausenhaltung erholen. Pausen können im Schritt und im Halten stattfinden. Nach einer solchen Pause wird entweder weiter verfahren oder nach einem Handwechsel die gleiche Übung auf der anderen Hand gemacht.

Bei Pferden, die sehr träge sind und deshalb, zumindest zu Beginn der Ausbildung, sehr viel zum Vorwärts ermuntert werden müssen, ist die belohnende Pause im Stehen auszuführen, denn hier soll kein Treiben mehr stattfinden, sonst wäre es keine richtige Pause, in der man das Pferd möglichst in Ruhe lassen soll. Auch im Stehen wird sich das Pferd nach gelungener Arbeit nach unten strecken.

Die Pause ohne Treiben darf dem Pferd nicht beibringen, dass es schleppend, ohne Fluss, Schritt geht. Deswegen ist die Pause im Stehen die Lösung, bis ein träges, zähes Pferd wieder mehr Vorwärtsdrang entwickelt hat. Auch bei sehr aufgeregten Pferden oder solchen, die in der Schrittpause am losen Zügel extrem davoneilen und die Balance verlieren, ist die Pause im Stehen zu empfehlen und kann beruhigende Wirkung haben.

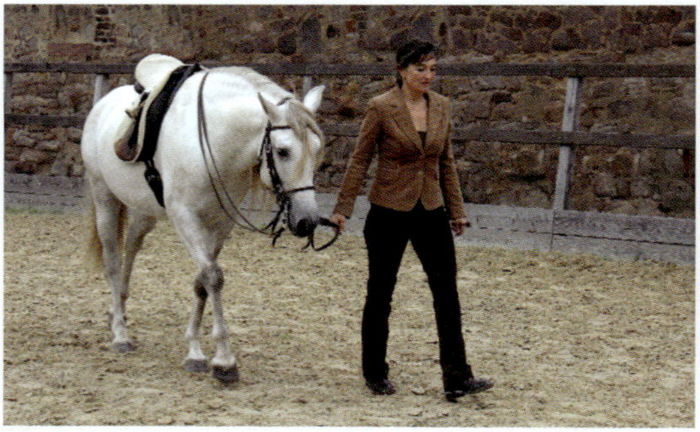

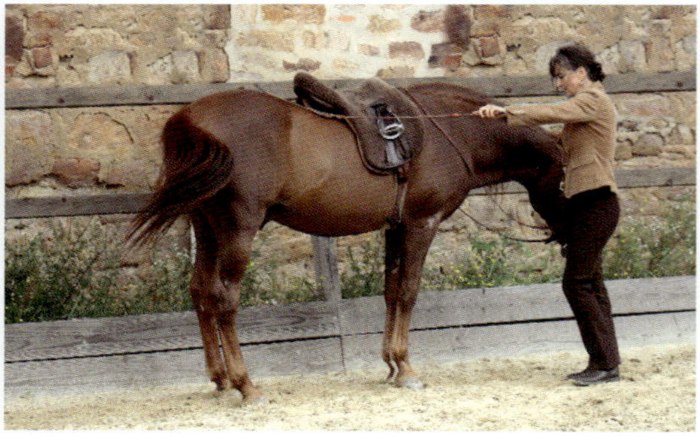

Pause mit langem Hals: im Schritt oder im Halten. Durch das Auflegen der Gerte auf die Lende kann man dem Pferd eine Art »Abstellknopf« in dieser beruhigenden Haltung antrainieren.

geht links oder rechts neben dem Pferd und sieht selbst nach vorne. Dabei ist die Führleine auf zwei Hände verteilt: Die dem Pferd zugewandte Hand führt nah am Kappzaum. In der anderen Hand hält man das Ende der Führleine sowie die Gerte, die nach hinten zeigt, um das Pferd nach vorne zu treiben, falls es nicht direkt mitkommt. In dieser Basisarbeit steckt die Tempokontrolle und Beziehungsklärung: Das Pferd soll wiederum auf minimale Signale nach vorne mitkommen und sich wie ein »Schatten« synchron neben dem Menschen bewegen – sich mühelos bremsen und treiben lassen. Die Führposition ist direkt hinter dem Kopf. Sorgen Sie dafür, dass das Pferd diese Position genau einhält. Gelingt dies, und das Pferd kann gestoppt und beschleunigt werden sowie auf Wunsch ein gleichmäßiges Tempo einhalten, kommt die nächste Stufe der Arbeit auf Kappzaum: Der Mensch verändert seine Führposition neben dem Pferd; er wendet sich dem Pferd zu, geht selbst seitwärts oder auch mal rückwärts. Hierfür werden Gerten- und Führleinen-Hand gewechselt.

Still stehen auf Kommando

Die Gerte kann nun differenzierter eingesetzt werden. Zum Vorwärtstreiben wirkt die Gerte

Führen: links die Basis-Form und rechts dem Pferd zugewendet, so dass der Mensch sich seitwärts oder auch rückwärts bewegt.

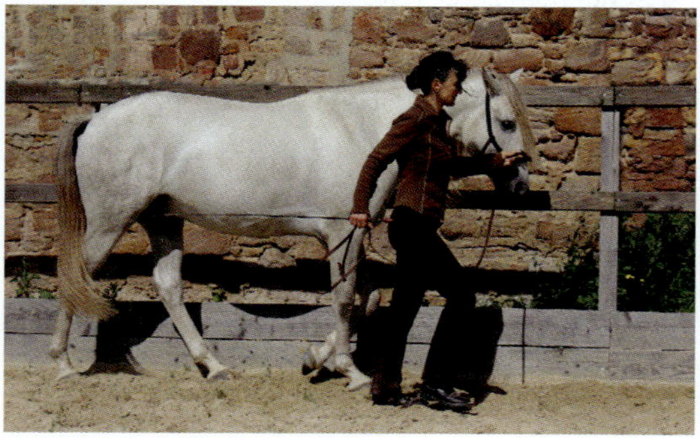

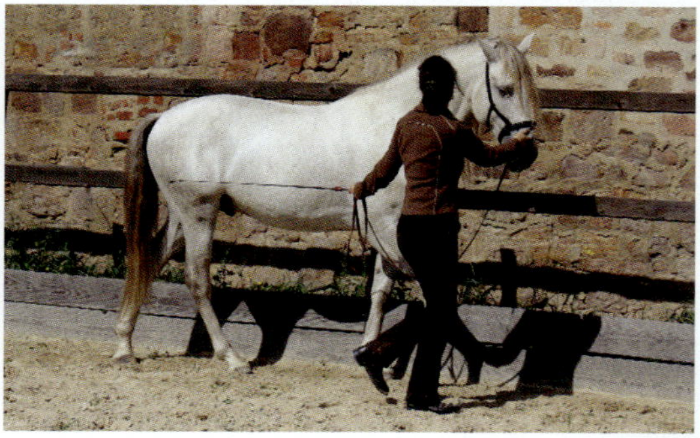

seitlich dort, wo beim gerittenen Pferd die Schenkellage ist, evtl. kann eine Hilfsperson von hinten mittreiben. Zum Anhalten legen Sie die Gerte sanft in der Lendenregion auf das Pferd und halten durch leichten Druck nach unten das Pferd praktisch fest. Mit diesem Signal lernt das Pferd ganz ruhig zu stehen – zu verharren. Eine solche Einwirkung verstehen die Pferde spontan. Zu Beginn verlangt man nur sehr kurzes Stehen und »belohnt« die Geduld des Pferdes durch Weitergehen.
Allmählich versteht das Pferd, was man von ihm will, und die Phase der Ruhe kann ausgedehnt werden.
Diese Übung ist wichtig für die ganze weitere Ausbildung: Das Pferd bekommt eine Art »Abstellknopf«, auf den man zurückgreifen kann, um es bei Aufregung wieder zur Ruhe zu bringen. **Sie schaffen praktisch ein Fundament des ruhigen Stillstehens.** Dann brauchen Sie keine Angst mehr davor zu haben, dass sich das Pferd aufregt, wenn es etwas Schwieriges erlernen soll oder es den Menschen noch nicht versteht. Ist die Hilfe »Stillstehen«, also der »Abstellknopf«, erst einmal etabliert, bekommt man ein aufgeregtes Pferd schnell wieder ruhig und aufnahmebereit.
Im Verlauf der Ausbildung, insbesondere bei sehr anstrengenden Lektionen, wird evtl. wieder eine Festigung dieser Hilfe notwendig sein.

Angepasste Kopf-Hals-Position für bessere Balance

In dieser frühen Phase sollte bereits darauf geachtet werden, dass der Hals ganz gerade vor

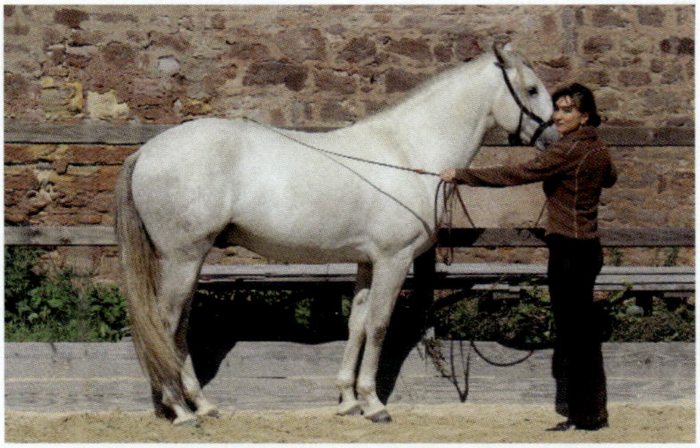

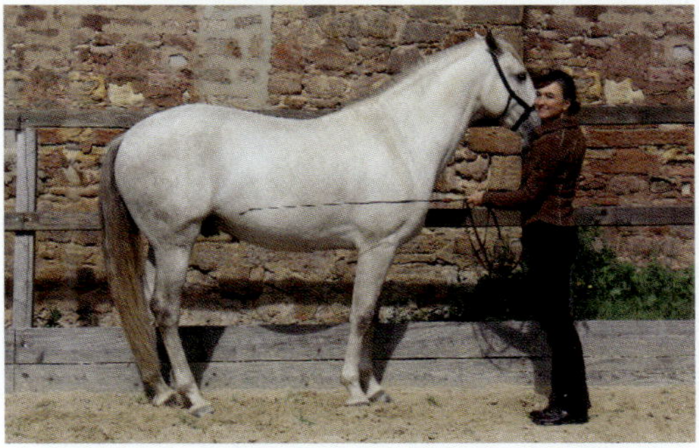

Gertenpositionen: oben für das Anhalten und ruhig Stehenbleiben auf der Lendenregion und unten zum Vorwärtstreiben seitlich.

dem Pferd ist und die Hals-Kopf-Position jeweils dem Zweck angepasst angewiesen wird: Das bedeutet ein leichtes Anheben des Halses für bremsende Vorgänge, damit das Pferd von der Vorhand wegkommt und eine leichte Streckung des Halses nach vorne, um das Pferd zu beschleunigen und den Rahmen zu erweitern, um die Tritte verlängern zu können. Das Pferd sollte immer auf Zug nach vorne mitkommen.
Damit greifen Sie das natürliche Bewegungsverhalten des Pferdes auf: Wenn es freilaufend bremst, hebt es den Hals etwas an. Wenn es sich nach vorne bewegt oder die Tritte verlängert, streckt es den Hals nach vorne. Die Halsposition hilft dem Pferd beim Ausbalancieren. Die ideale

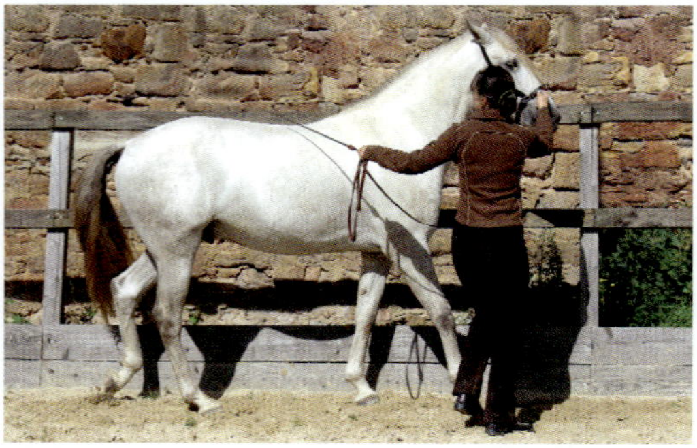

Anheben von Hals und Kopf zum Bremsen.

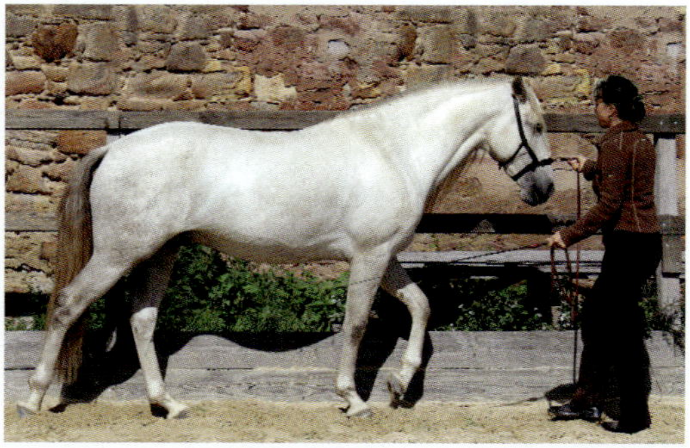

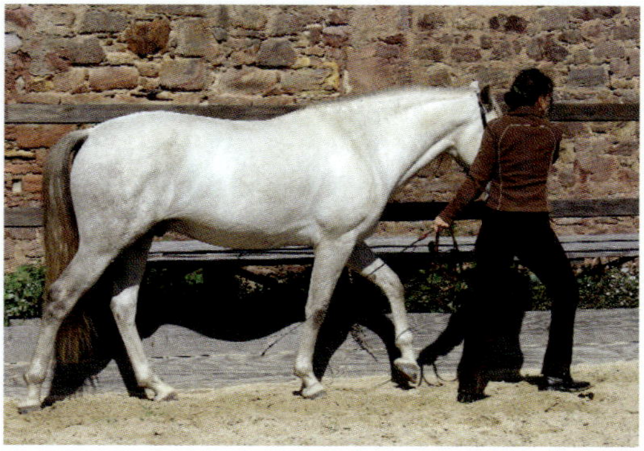

Strecken des Halses nach vorne zum Angehen. Das Pferd soll auf Zug mitkommen.

Halsposition ist abhängig vom Exterieur des Pferdes, von der Lektion und vom Ausbildungsstand. Insgesamt kann man jedoch sagen: lieber etwas höher und offener im Genick, mit der Nase deutlich vor der Senkrechten, als zu eng und zu tief. Ein eingerolltes Pferd ist immer in seiner Balance eingeschränkt und in der Schulter blockiert.

Die richtige Kopf-Hals-Position hilft beim Ausbalancieren.

Ecken – und wobei sie helfen

Stimmt die Haltung und lässt sich das Pferd im Tempo grundsätzlich kontrollieren, kann mit dem exakten Durchschreiten der Ecken begonnen werden. Das Pferd wird mit der Gertenhand an der Schulter oder in der Gurtlage in die Ecken hineingeführt. Damit erfährt es bereits eine gymnastizierende Bearbeitung in der Längsachse (= Biegung, die äußere Seite wird gedehnt, die innere verkürzt).

Gelingen Tempokontrolle und kontrolliertes Durchschreiten der Ecken, kann man das Pferd von der Bande lösen. Achten Sie darauf, dass das Pferd nicht den Hals in die Wendung herein verbiegt, sondern erst mal geradeaus mit stabiler Halsbasis in die Wendung folgt. Damit verhindern Sie, dass das Pferd auf die äußere Schulter und somit auf die Vorhand fällt. Falls es sich doch verbiegt oder mit der Hinterhand nach außen ausweicht, korrigieren Sie nach vorne, um es in der Längsachse wieder gerade zu bekommen.

Denken Sie immer daran, dass Sie die Schulter des Pferdes in die gewünschte Richtung führen müssen; nur Hals und Kopf nach innen zu ziehen, bringt das Pferd aus dem Gleichgewicht.

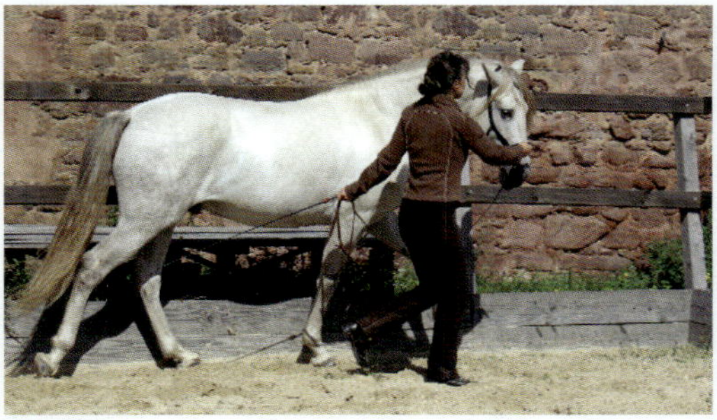

Hereinführen in die Ecke.

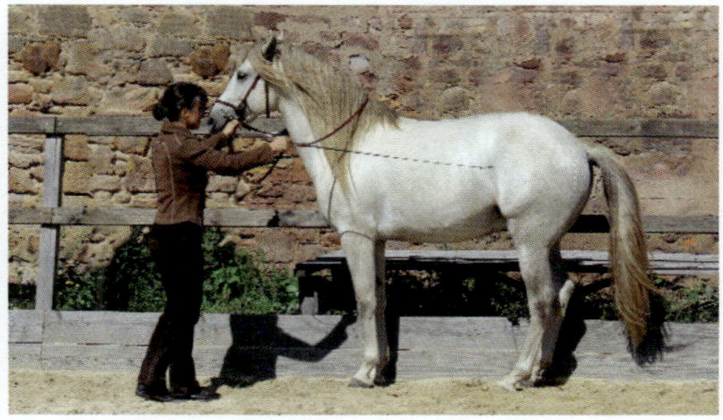

Geschlossenes Stehen in Haltung.

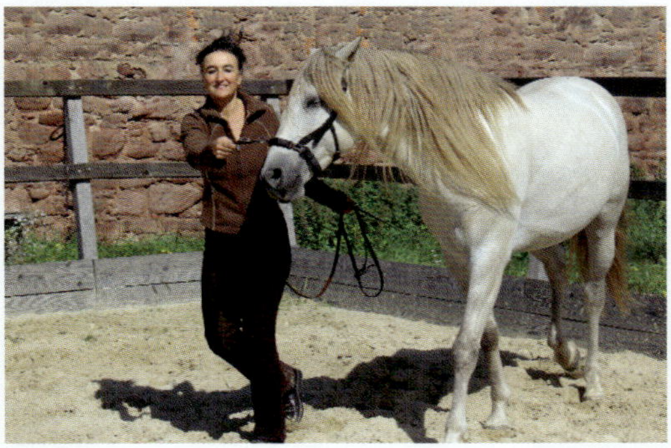

Nach vorne ziehen ohne Bande.

Geschlossenes Stehen »in Haltung«

Nun kann das Pferd auf verschiedenen Linien in unterschiedlichsten Tempi geführt werden. Gelingt dies, können Sie damit beginnen, das Pferd korrekt, d.h. geschlossen und parallel, an der Bande hinzustellen. Lassen Sie das Pferd mit leicht angehobenem Hals anhalten, und achten Sie darauf, dass dessen Vorderbeine im Halten ganz senkrecht und parallel stehen und dass seine Längsachse schnurgerade ist. Die Hinterhand können Sie durch Touchieren auf der Kruppe oder am jeweiligen Röhrbein schließen. Zu Beginn genügt eine kleine Reaktion des Hinterbeins nach vorne. Auf keinen Fall soll ein Bein nach hinten korrigiert werden. **Jede Korrektur erfolgt nach vorn**!
Auch die Hinterbeine sollen parallel stehen und die Hufe etwa unter dem Iliosakralgelenk (ISG) auf dem Boden unterstützen. So lernt das Pferd geschlossenes Stehen in Haltung. Falls das Pferd durch die Korrektur der Hinterbeine in Unruhe gerät und anfängt, herumzuzappeln, festigt man zuerst wieder das ruhige Stehen.
Achten Sie immer darauf, einen Fehler, der die Basis schwächt (wie das Zappeln), sofort zu korrigieren. Wenn das Pferd im Laufe der Zeit einen gewissen Versammlungsgrad erreicht hat, kann es auch richtig versammelt gestoppt werden. Bei der Arbeit an der Hand ist dies z.B. nach dem Piaffieren möglich. Dann wird die Aufrichtung im Halten verbessert sein; das Pferd steht in den Hanken gebeugt und nicht »nur« geschlossen (siehe Bild oben rechts).

Rückwärtsrichten

Sobald das Vorwärts, die Tempo- und die Linienkontrolle erarbeitet sind, kann man mit dem Rückwärtsrichten beginnen. Wichtig ist, das be-

Sofort korrigieren

Gehen Sie an jeden auftauchenden Fehler sofort heran. Machen Sie nie den zweiten Schritt, bevor der erste wirklich sitzt. Andernfalls können Sie im Verlauf der weiteren Ausbildung nicht mehr präzise arbeiten. Denken Sie daran: Jede Beschäftigung mit dem Pferd ist Ausbildung. Jeder Abschluss einer Übung wird gespeichert – egal, ob das Pferd etwas Gewünschtes oder Unerwünschtes dabei gelernt hat. Sorgen Sie also dafür, dass das Pferd das »Richtige« lernt. Und machen Sie nach jedem erwünschten Schritt eine Pause, damit es die gelungene Übung mit etwas Angenehmem assoziiert. Anderenfalls lässt sich kein stabiles Ausbildungsfundament errichten, weil Fehler gefestigt werden.

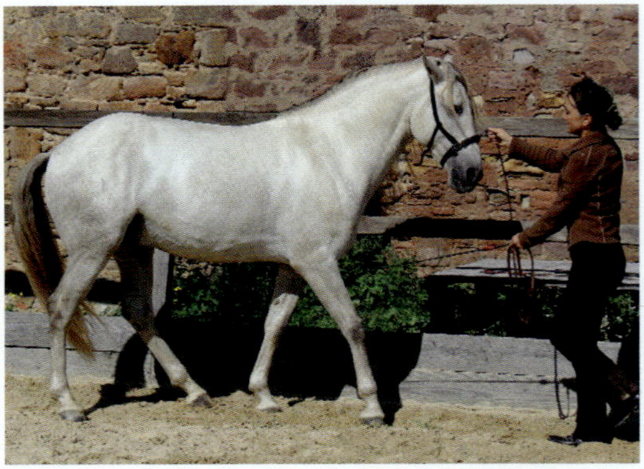

oben: Rückwärts am Kappzaum mit Touchieren des Brustbeins oder der Kronränder.
unten: Rückwärts mit der Trense. Die Gerte ist hier schon wieder in vorwärtstreibender Position, um gleich vor zu gehen.

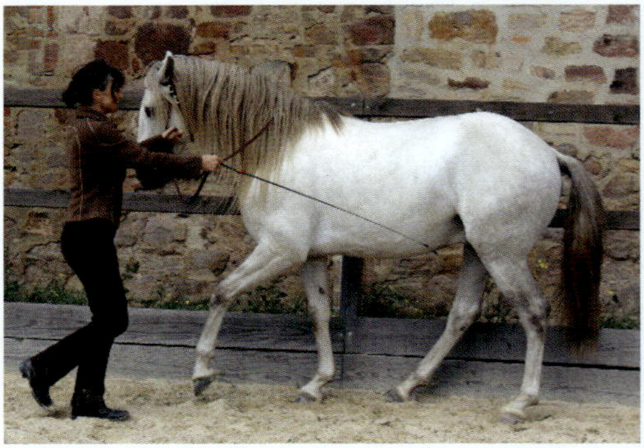

reits gesicherte Vorwärts dabei nicht wieder zu verlieren, damit das Pferd nicht beginnt, sich nach hinten zu entziehen. »Gesichertes Vorwärts« bedeutet, dass das Pferd innerlich, auch während des Rückwärtsgehens, jederzeit bereit ist, wieder prompt vorwärtszugehen. Dieses Detail ist extrem wichtig und wird folgendermaßen erarbeitet: Drehen Sie sich zum Pferd und wirken rückwärts weisend auf den Kappzaum ein. Sorgen Sie dafür, dass das Pferd dabei den Kopf oben lässt. Dabei gehen Sie etwas auf das Pferd zu und touchieren unter Umständen die Kronränder der Vorderhufe, damit das Pferd die Vorderbeine anhebt und zurücksetzt. Wichtig ist, dass es wirklich die Füße hebt und nicht mit fester Schulter die Beine über den Boden zieht. Sobald es rückwärtstritt, loben Sie mit der Stimme und schicken es direkt wieder ins Vorwärts. Danach bleiben Sie stehen und verlangen »Ruhe«. Wiederholen Sie das einige Male und verlangen nach und nach immer etwas

mehr »Rückwärts«. Beenden Sie in dieser frühen Phase das Rückwärts immer ins Vorwärts und nicht direkt in den Stillstand.
Beim Rückwärtsrichten kann man bereits einiges über den körperlichen Zustand des Pferdes erfahren. Das Pferd sollte sauber diagonal zurücktreten. Störungen im Takt zeigen Verspannungen oder Schiefe an, welche sich im Laufe des Fortschritts der gesamten Handarbeit abbauen sollten. Schleifspuren mit Vorder- oder Hinterhufen verraten uns, dass die Gelenke des Pferdes blockiert sind.
Das Rückwärtsrichten ist mit unterschiedlicher Kopf-Hals-Höhe möglich und stellt ein wichtiges Ausbildungs-Element dar, um das Pferd stärker zu »schließen«. Das bedeutet, dass man im Rückwärts das Pferd dazu auffordert, sein Gewicht über die Hinterbeine nach hinten zu schieben.
Achten Sie genau darauf, WIE das Pferd zurück tritt: Wölbt es den Rücken ein wenig auf, hebt es den Widerrist an und senkt die Kruppe mit gewinkelten Hanken (erwünscht)? Oder schiebt es die Hinterbeine nach hinten heraus (unerwünscht)?
Welche Haltung nimmt es von sich aus ein? Trägt es den Hals beim Rückwärtstreten höher oder tiefer? Oder bleibt es in der Kopf-Hals-Position, in der es zuvor war? Je nachdem, was man erarbeiten möchte, muss man evtl. die Kopf-Hals-Position anpassen.
Eine höhere Position macht Schulter und Vorhand freier, eine etwas tiefere erleichtert es dem Pferd, den Rücken nach oben zu bekommen, wenn es sich noch nicht genug in den Hanken beugen kann.

> In der Arbeit mit dem Pferd kommt es nicht nur darauf an, was man mit ihm tut, sondern ganz besonders »WIE« man etwas tut und zu welchem Zeitpunkt man damit aufhört!

Fordern Sie das Rückwärtstreten in der Anfangsphase auf Kappzaum am besten an der Bande; dort können Sie das Pferd leichter geradehalten. Da der Kappzaum den Hals nicht nach links und rechts fixiert, ist das Geradehalten schon eine gewisse Herausforderung. Geschicktes Positionieren von Kopf und Hals ist nötig, damit sich das Pferd in seiner Längsachse nicht verbiegt und schief wird.
Wenn das Pferd gerade und ohne Widerstand rückwärtstritt, ist es sinnvoll, viele Übergänge ohne Stillstand zwischen Rückwärts und Vorwärts zu machen. Dies übt man, bis es ohne Stockung funktioniert. Dieses gerade gerichtete Wechselspiel zwischen Rückwärts und Vorwärts ist äußerst nützlich für die Balance des Pferdes. Es lernt, geschmeidig und schnell auf die Anforderungen zu reagieren. Früher gab es diese nützliche Übung noch als Übung in den Dressurprüfungen. Sie wurde als Schaukel bezeichnet.

An dieser Stelle sei noch mal erwähnt, dass es unerlässlich ist, mit sehr viel Gefühl vorzugehen. Das Pferd darf auf keinen Fall am Kappzaum zurückgedrückt oder später am Gebiss rückwärts gezogen werden, sondern soll durch geschicktes

Positionieren und leichtes Aufrichten des Halses rückwärts »gelockt« werden. Sofortiges Nachgeben an Kappzaum oder Zügel, sobald das Pferd zurücktritt, ist nötig, damit die Schulter frei bleibt und das Pferd nicht zurückkriecht. Durch festhaltende, starre Führung werden Schultern und Hinterbeine blockieren. Durch leichte Führung wird die Regelmäßigkeit und Freiwilligkeit der Bewegung unterstützt.
Die »Rückwärts-Hilfe« sollte durch die Körperenergie des Menschen unterstützt werden. Stellen Sie sich einen Energiestrahl vor, der aus Ihrer Körpermitte wie ein Scheinwerfer auf das Pferd gerichtet ist und vor dem es zurückweicht.
Zeigt das Pferd hartnäckige Verspannungen, ist es nützlich, es während der Übungen zum Kauen anzuregen.

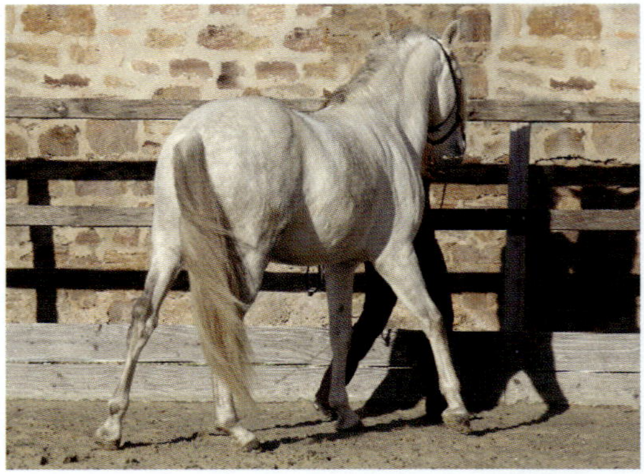

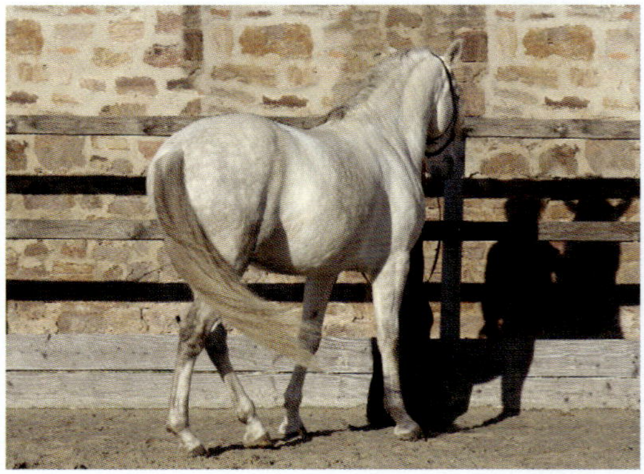

Schenkelweichen an der Bande entlang.

Die Basis-Seitengänge

Unter den Basis-Seitengängen verstehen wir verschiedene Formen des Schenkelweichens. Im Schenkelweichen bleibt das Pferd im Körper relativ gerade und geht recht stark abgestellt im Verhältnis zur Linie, auf der es sich bewegt, seitwärts. Die Abstellung kann bis zu 70 Grad im Verhältnis zur Bewegungslinie betragen – das Pferd bewegt sich viel seitwärts und wenig vorwärts. (In manchen Übungen der Westernreiter geht das Pferd sogar 90 Grad seitwärts, führt also eine reine Seitwärtsbewegung ohne Vorwärts aus.)
Das Pferd wird dabei in seiner Längsachse möglichst gerade gehalten, also nicht gebogen, damit es nicht auf die Schulter fällt, in deren Richtung es sich bewegt. Die Stellung im Genick erfolgt leicht gegen die Bewegungsrichtung. Wenn das Pferd extrem steif ist und sich sehr schwer tut mit der Seitwärtsbewegung, kann man durch ein wenig Biegung gegen die Bewegungsrichtung Belastung von der inneren Schulter wegnehmen, damit es überhaupt seitwärts ausweicht.
Im Folgenden beschreiben wir zwei gut geeignete Übungen, um mit dem Seitwärts zu beginnen:

1 Das Übertreten um die Vorhand:

Das ist ein Schenkelweichen, bei dem der Mensch stehen bleibt und das Pferd um sich herum seit-

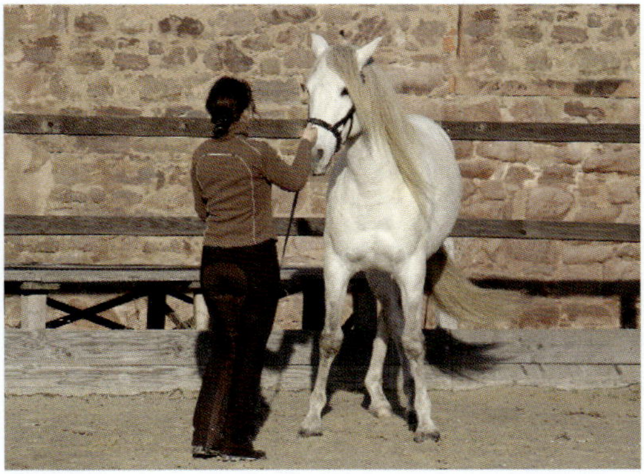

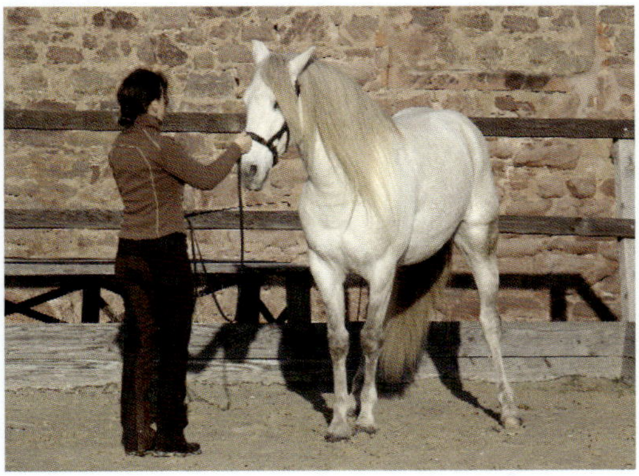

Übertreten um die Vorhand.

wärts gehen lässt, ähnlich wie einen Uhrzeiger. Das Pferd soll beim Übertreten besonders im Bereich des Beckens durch das Kreuzen und Spreizen der Hinterbeine mobilisiert werden. Durch die Bewegung des Beckens wird automatisch auch der Rücken mobilisiert, ganz ohne dass das Pferd dabei in Dehnungshaltung auf die Vorhand fällt. Die Vorhand soll im Übertreten nicht kreuzen, damit das Pferd nicht übermäßig auf die äußere Schulter und damit auch auf die Vorhand fällt. Durch diese besondere Bewegung der Vorhand, bei der das eine Vorderbein nur vor das andere tritt, wird der Schultergürtel beweglich gemacht. Dies unterstützt das Pferd beim späteren Anheben des Widerrists, was für eine reelle Versammlung unerlässlich ist.

Im Idealfall bewegt sich das Pferd Schritt für Schritt – ähnlich einer schleichenden Katze – langsam und geschmeidig, weich und fließend. Man soll dabei weder den Eindruck haben, dass es sich dahinschleppt, noch dass es eilig wird und trippelt, weil es die Balance noch nicht halten kann.

Zur Ausführung: Das Pferd wird am Kappzaum in seiner natürlichen Kopf- und Halshaltung geführt. Diese entspricht der **Aktivitätshaltung** (siehe Seite 21).

Die seitwärts weisende Hilfe wird mit der horizontal gehaltenen Gerte seitlich am Rumpf im Bereich der Schenkellage gegeben. Auf diese Art wird es für das Pferd später sehr einfach, auch die seitwärts weisende Schenkelhilfe zu verstehen.

Touchiert man diese Stelle, kann man auch Pferde, die stumpf und träge geworden sind, wieder gut auf die Gerte abstimmen.

Abstimmung auf die Gerte und Erziehung zur Selbsttätigkeit

Das Pferd wird mit der horizontal gehaltenen Gerte sanft touchiert; wenn es daraufhin nicht deutlich seitlich ausweicht, wird die Gerten-Hilfe in Frequenz und Intensität solange gesteigert, bis es eine sehr deutliche Ausweichbewegung zeigt. Sobald diese erfolgt ist, wird das Pferd wieder gebremst, mit der Stimme gelobt und nach nur sehr kurzem Abwarten wieder mit der Gerte sanft berührt, um den Vorgang zu wiederholen und damit zu verbessern.

Auf diese Art kann das Pferd auf die Gerte so abgestimmt werden, dass es sensibel reagiert. Immer wenn diese Sensibilität verloren geht, sollte man diese **Abstimmungs-Arbeit** erneut leisten. Auf die oben beschriebene Weise erarbeitet man die nötige **Impulsion**.

Im ersten Schritt **fordern** wir das Pferd zu einer **Veränderung** auf. In diesem Fall ist das der Übergang vom Stehen zum deutlichen Seitwärtsgehen. Als Ausbildungsergebnis wollen wir jede Veränderung mit einer **leichten Hilfe** herbeiführen können. Die Hilfe sollte den Charakter einer **freundlichen Bitte** haben.

Der nächste Schritt der Abstimmungsarbeit ist die **Erziehung zur Aktivität**. Sie besteht darin, dass das Pferd dazu gebracht wird, eine Bewegungsaktivität von sich aus beizubehalten. Geht das Pferd in einem guten Tempo seitwärts und lässt dann plötzlich ohne Aufforderung im Tempo nach, so soll es deutlich touchiert werden - als **Ermahnung**. Eine solche Ermahnung muss unangenehm

Wiederholungen und Resensibilisierung

Um eine Übung bzw. ein Bewegungsmuster zu verbessern, helfen schnelle Wiederholungen. Dabei ist besonders darauf zu achten, dass eine Übung erst abgebrochen wird, wenn das erwünschte Ergebnis erreicht wurde, oder wenn das Pferd zumindest eine Idee davon hat, was gefordert ist und signalisiert: »Ich versuche es ja.« Dies ist ganz wichtig, damit man nicht das Falsche festigt.

Ein Beispiel: Soll das Pferd durch eine sanfte Hilfe mit der Gerte zum Trab gebracht werden, ist es nicht zielführend, das Pferd sanft zu touchieren und, nachdem es nur einen schnelleren Schritt angeboten hat, abzubremsen und neu zu beginnen. Der Trab muss erreicht werden, denn dieser ist das Ziel! Zu Anfang wird man stärkere oder sehr viele Gertenhilfen brauchen, wenn das Pferd uns und unsere Signale noch nicht so richtig ernst nimmt. Eine Resensibilisierung von zähen, stumpfen Pferden ist durch absolute Konsequenz hinsichtlich der erwünschten Reaktion oft recht schnell möglich und die Intensität bzw. Frequenz der Hilfen kann wieder reduziert werden.

Sobald das Ziel erreicht ist und das Pferd auf eine sanfte Hilfe antrabt, stoppen wir, loben und beginnen nach einer kleinen Pause umgehend neu, solange das Pferd noch gesteigert aktiv und aufmerksam ist. Warten wir zu lange, müssen wir viel länger und stärker wiederholen.

Alle Übungen sollten auf der rechten und linken Hand gleichermaßen ausgeführt werden.

genug sein, sodass das Pferd sie vermeiden will und von sich aus die Aktivität beibehält. Wenn das Pferd eine Weile die Aktivität von sich aus beibehalten hat, wird mit der Stimme gelobt und eine Entspannungs-Pause eingelegt. Beim fortgeschrittenen Pferd ist schon allein das Aussetzen der Hilfen Bestätigung und Lob. Würde man auf den Ermahnungscharakter verzichten und eine Hilfe ähnlich einer freundlichen Bitte geben, könnte das Ganze ritualisiert werden. Das heißt, das Pferd würde langsamer, mit einer sanften Hilfe wieder schneller gemacht, dann wieder langsamer, weil es die sanfte Hilfe nicht vermeidet usw. Das Pferd wird also das Tempo nicht halten und auf ständiges Treiben angewiesen sein. Leider sieht man genau das vielerorts: ständiges Treiben mit wenig sensiblen Reaktionen. **Das Beibehalten der Aktivität ohne dauernde Aufforderung ist reine Erziehungssache**. Und es stellt für ein gesundes Pferd keine Überforderung dar. Dies sollte zu Beginn in einfachen Situationen mit frei wählbarer Kopf-Hals-Position begonnen und gut gefestigt werden. Die Longenarbeit eignet sich dafür besonders gut. Man muss sich klarmachen, dass spätere Anforderungen wie Wendungen, Seitengänge, Erarbeitung einer guten Selbsthaltung und Versammlung meist bremsenden Effekt haben. Wo kommen wir dann mit dem Treiben hin, wenn die Basiserziehung nicht stimmt? Die Erziehung zur Aktivität muss deswegen immer wieder aufgefrischt werden, wenn es nötig erscheint.

Um den Bewegungsablauf im Übertreten zu beeinflussen, gibt es verschiedene Touchierpunkte, die man während der Bewegung berühren kann. Über das Touchieren erreichen wir verschiedene Effekte. Es sind Berührungen mit der Gerte auf verschiedene Art und mit unterschiedlicher Intensität. Sie haben eine **Informationsebene** und eine den **Bewegungsablauf beeinflussende Ebene**.

Exkurs: Touchieren und Touchierpunkte

Wenn das Pferd Schwierigkeiten hat, in Fluss zu kommen und das Becken zu kippen, bietet sich das Touchieren der Lende an. Hebt es die Hinterbeine schlecht, touchiert man es auf Höhe des Oberschenkels etwa da, wo normalerweise das Brandzeichen ist. Winkelt es die Hinterbeine insgesamt schlecht, kann man das Röhrbein berühren, um das Sprunggelenk mehr zu beugen oder die Innenseite des Hinterbeines unterhalb des Knies, damit es das Knie beim Abfußen mehr beugt. Auf den nachfolgenden Bildern wird im Einzelnen beschrieben, welche Punkte mit welchem Ziel zu touchieren sind.

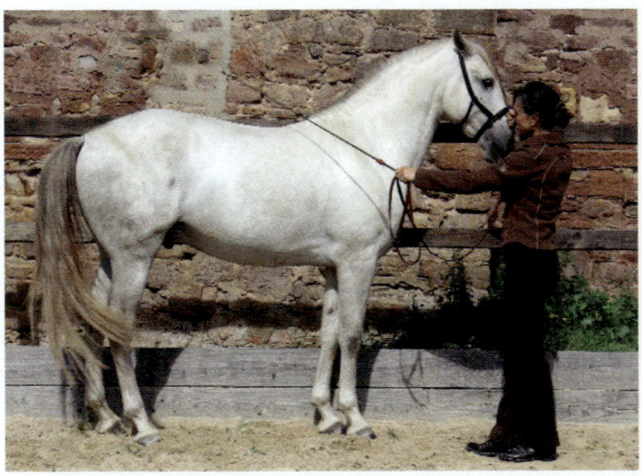

Das Pferd wird hier in der Lendenregion mit der Gerte von oben nach unten aktiviert. Dies erzeugt ein Federn in der Lendenregion, was ein Kippen im Becken unterstützt.

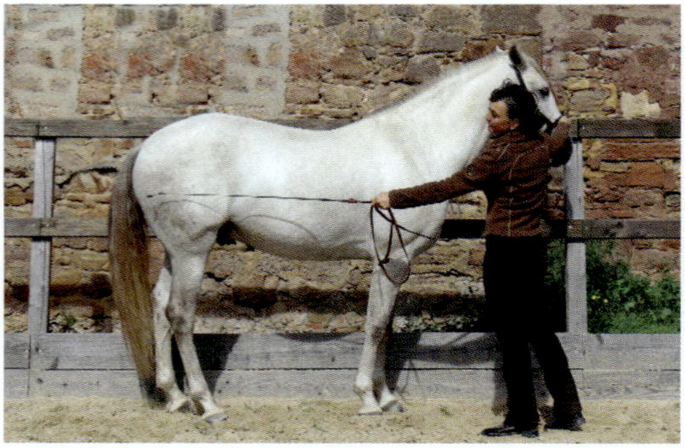

Dieser Touchierpunkt in der Mitte des Oberschenkels hilft z.B. beim Seitwärtsgehen dabei, dass das Pferd die Hanken beim Anheben mehr winkelt.

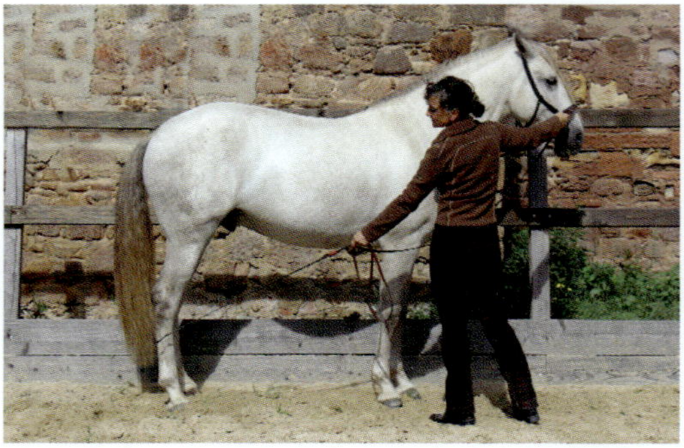

Dieser Touchierpunkt von hinten an die Mitte des Röhrbeins hilft dabei, dass das Pferd das Hinterbein anhebt und das Sprunggelenk beugt, z.B. beim Schließen im Halten oder zur Vorbereitung der Piaffe. Das Pferd soll sehr gut und prompt auf diesen Punkt reagieren.

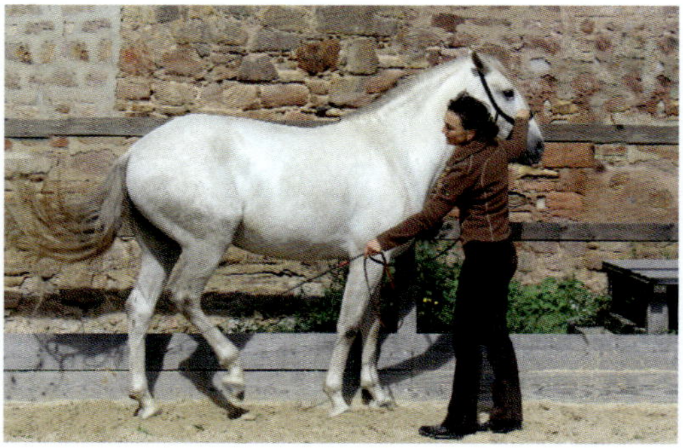

Dieser Touchierpunkt hinten am Röhrbein wird beibehalten, während das Pferd das Bein angehoben hat, damit es das Bein in der Luft nach vorne führt und nicht einfach wieder an gleicher Stelle auf den Boden stellt z.B. um das Pferd zu schließen.

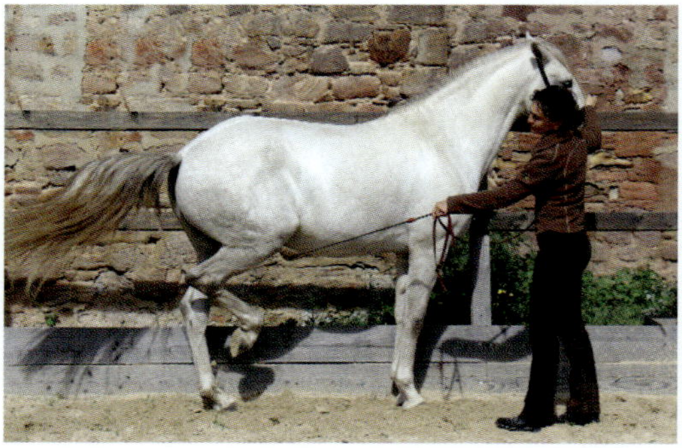

Dieser Touchierpunkt auf der Innenseite des Unterschenkels soll helfen, das Knie vermehrt zu beugen, z.B. im Schulterherein innen oder während einer Piaffe oder zwischendurch im Stehen, wenn das Pferd insgesamt steif im Knie wirkt.

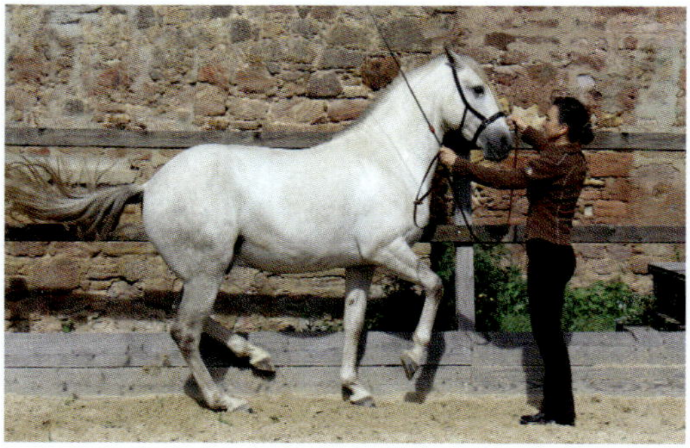

Die nach oben gehaltene Gerte soll für das Pferd bedeuten, dass es direkt aktiv in die Piaffe antreten und, solange sie dort bleibt, weiter in der Piaffe arbeiten soll.

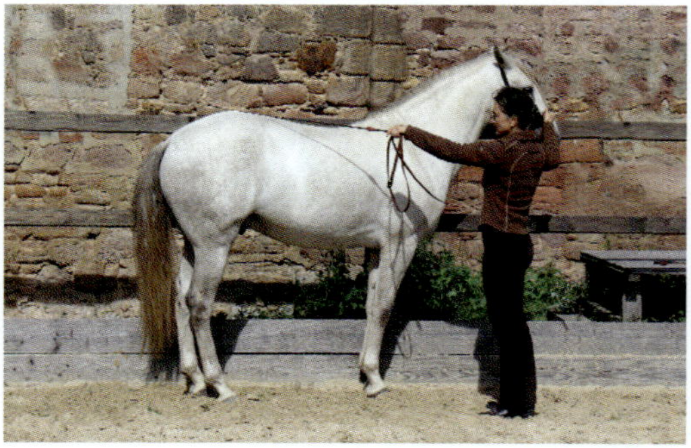

Die sanft auf die Lende gedrückte Gerte stellt das Pferd wieder ruhig, z.B. um es aus der Piaffe wieder anzuhalten und ruhig stehen zu lassen.

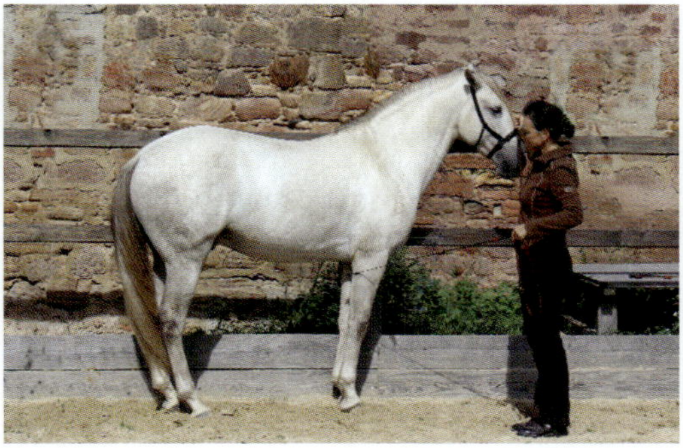

Für das Anheben des Vorderbeins muss man den besten Punkt suchen: Am Ellenbogen ist bei manchen Pferden der am besten geeignete Punkt, um das Bein anheben zu lassen.

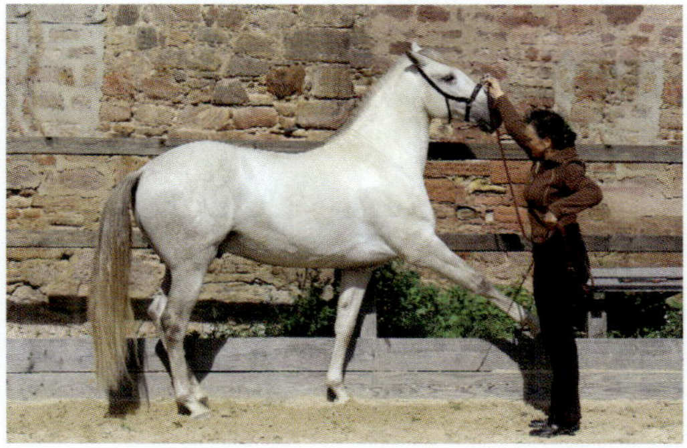

Hat das Pferd das Bein samt der Schulter angehoben, kann man die Gerte am Röhrbein angelegt lassen und das Bein nach vorne begleiten, damit das Pferd versteht, das angehobene Bein nach vorne zu strecken.

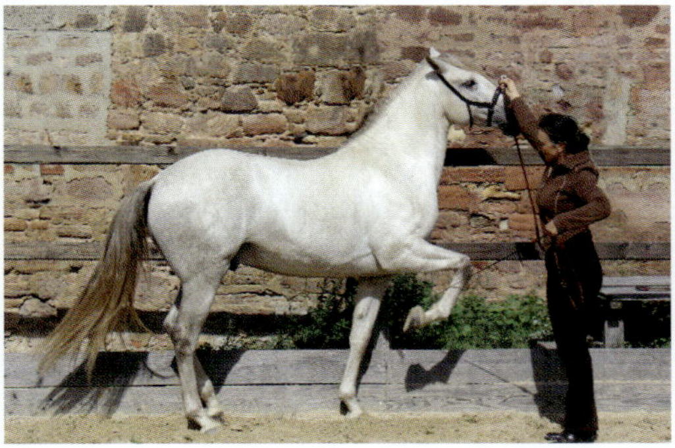

Die Beuge des Vorderfußwurzelgelenks ist oft ein guter Punkt, um dem Pferd das Anheben des Vorderbeins verständlich zu machen.

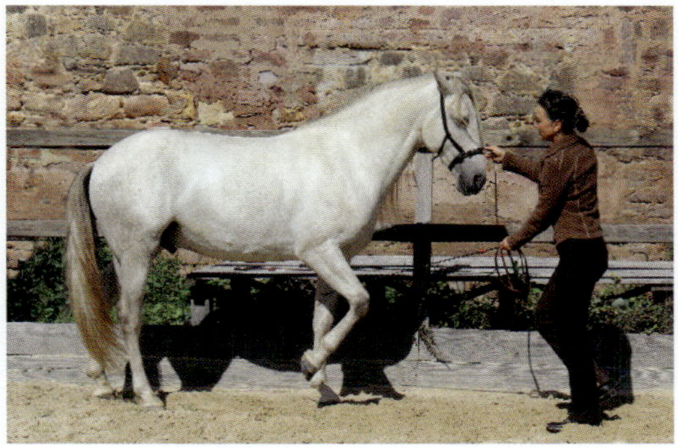

Das Touchieren zwischen den Vorderbeinen von unten nach oben auf das Brustbein hilft dabei, den Brustkorb und den Widerrist anzuheben.

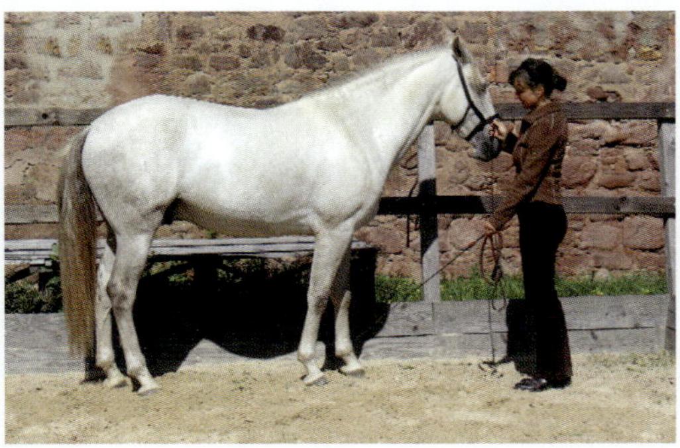

Das Touchieren am Kronrand ist hilfreich, um das Pferd rückwärtsgehen zu lassen. Dabei hebt es die Vorderbeine besser an. Dies gilt zum Auslösen der Rückwärtsbewegung und auch, wenn das Pferd die Beine stark durch den Sand schleift und die Schultern kaum hoch bekommt.

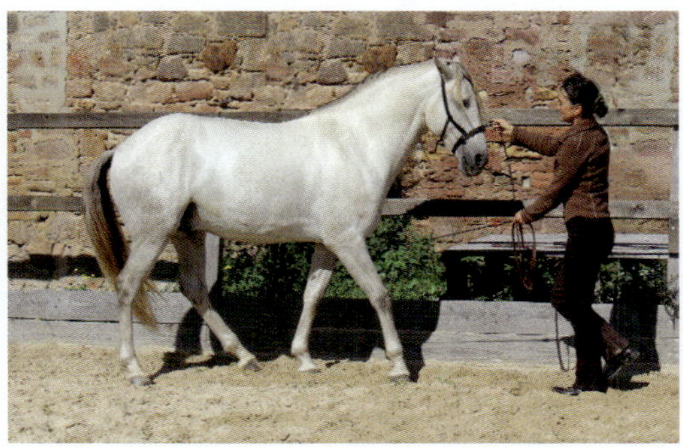

Touchieren des Brustbeins während des Rückwärtsgehens, um den Widerrist besser anzuheben.

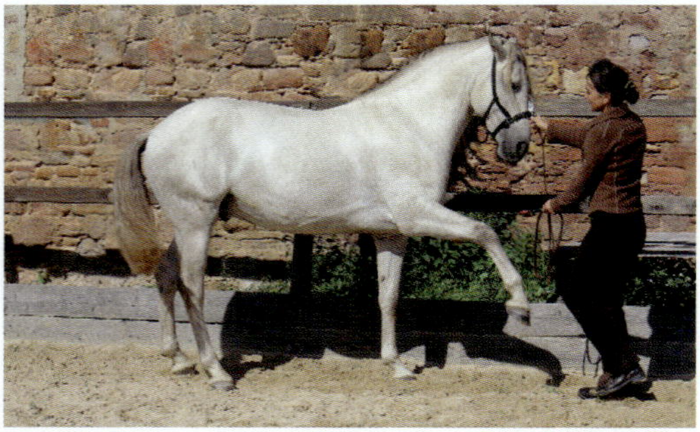

Hat das Pferd das Beinstrecken auf Gerte verstanden, kann es leicht passieren, dass es das Bein auch streckt, wenn man eigentlich im Rückwärts nur das Brustbein touchieren will. Man muss aufpassen, dass das Pferd nicht ungewollt das Bein streckt und einen dabei trifft. Das heißt auch, dass man sehr kontrolliert mit der Gerte umgehen sollte, um nicht aus Versehen das Pferd dazu zu animieren.

Das Übertreten ist ein stark gymnastizierendes Mittel, bei dem es sehr auf präzise »Beeinflussung« ankommt. Lässt man das Pferd dabei Ausweichhaltungen einnehmen (z.B. den Hals nach innen verbiegen und auf die äußere Schulter fallen oder zu eng im Hals werden), produziert man unter Umständen Probleme, statt welche zu lösen. Deshalb ist besonders bei den Seitwärtsbewegungen das »WIE« der Ausführung ganz wichtig! Mit viel Gefühl und Geduld sollte das Pferd diese Übung langsam entwickeln können – sie wörtlich Schritt für Schritt entfalten.

2 Das Übertreten um die Hinterhand:

Hat man im Übertreten um die Vorhand eine gewisse Geschmeidigkeit erreicht, kommt das **Übertreten um die Hinterhand**. Der Mensch bewegt sich gemeinsam mit der Vorhand und führt diese auf einer Volte um die Hinterhand herum. Sollte dies sehr schwerfallen, weil sich die Schultern des Pferdes noch schlecht bewegen lassen, kann man auf einem Zirkel beginnen, um es dem Pferd zu erleichtern. Auch für den wenig geübten Menschen bietet die Zirkellinie eine einfachere Orientierung als die Volte. Das Pferd wird in dieser Übung weiterhin mit viel Abstellung und wenig Vorwärts seitwärts bewegt. Da diesmal die Vorhand den längeren Weg hat, mobilisiert und entlastet das Übertreten um die Hinterhand die Schultern des Pferdes. Der Hinterhand wird bereits mehr Last zugeführt, weil nun hinten der Drehpunkt ist. **Dahin, wo der Drehpunkt ist, verlagert sich auch der Schwerpunkt**.

Die Hinterbeine sollen beim Übertreten um die Hinterhand kreuzen, was dem Pferd meist ein vermehrtes Beugen der Hanken abverlangt. Dadurch wird die Versammlungsfähigkeit bereits angesprochen. Beim Übertreten um die Vorhand wird die Hinterhand zwar aktiviert und beweglich gemacht, die Last bleibt aber vermehrt auf den Schultern, weil der Drehpunkt vorne ist. Deshalb

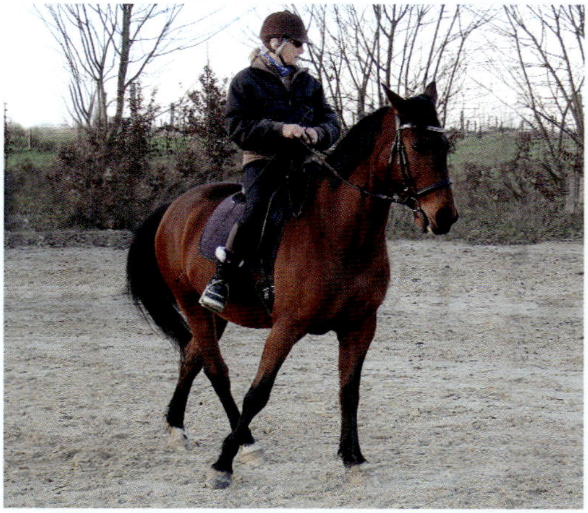

Übertreten um die Hinterhand: Warmblutstute »Mira«, 15-jährig, steht recht steil hinten und ist im Lendenbereich fest. Das Übertreten mobilisiert die Hinterhand, das Spreizen der Vorderbeine entspannt die Schulter.

Drehpunkt bei der Vorhandwendung: Hier ist das Pferd gegen die Bewegungsrichtung gestellt, wie beim Übertreten.

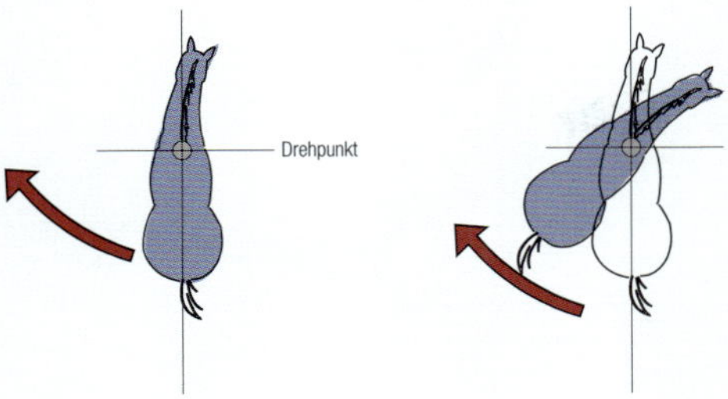

Drehpunkt bei der Hinterhandwendung. Hier ist das Pferd bereits in die Bewegungsrichtung gestellt, wie beim Travers. Beide Stellungen sind möglich, je nach dem, was das Pferd in dieser Phase mehr braucht.

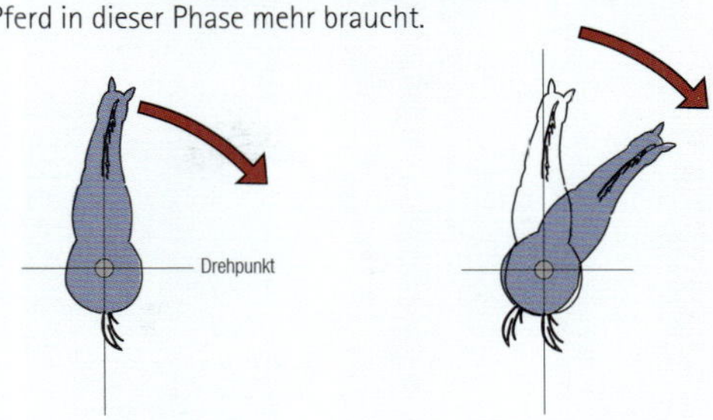

Drehpunkt = Schwerpunkt

Wird ein Körper seitlich zu seiner Längsachse auf einer Kreislinie bewegt, liegt der Schwerpunkt immer innen, da wo der Drehpunkt ist. Nehmen wir als Beispiel den **Zirkel aus der Mathematik**, mit dem man Kreise zeichnen kann: In der Mitte wird die Nadel des Zirkels ins Papier gesteckt; der Bleistift wird um die Mitte herum bewegt, um die Kreislinie zu ziehen. Außen ist der bewegliche Teil und die Mitte ist die stabile Ausgangsbasis. Damit der Bleistift sich außen leicht bewegen lässt, muss eine gewisse Entlastung stattfinden. Nun befindet sich beim Pferd tatsächlich der Schwerpunkt auch bei der Wendung um die Hinterhand nicht direkt über den (Hinter-)Beinen; das wäre nur bei der Levade so. Aber er kommt näher an den Drehpunkt heran, als an den beweglichen Teil.

ist dieses Übertreten auch ein geeignetes Mittel, um Pferde vom Steigen abzuhalten.
Da diese Basis-Seitengänge eine besonders gut lösende und entspannende Wirkung auf das Pferd haben, bietet es sich an, sie regelmäßig vor dem Reiten auszuführen.
Bei Pferden, die alters- oder krankheitsbedingt nicht geritten werden können, oder solchen, die besonders steif sind, bietet es sich an, diese Seitengänge vor dem Longieren oder Freilaufen zu machen. So stellt man sicher, dass das Pferd erst einmal mobilisiert und entspannt wird, bevor es größerer Belastung in höheren Tempi ausgesetzt ist.

Arbeit auf Trense

Abkauübungen und Flexionen

Unter Flexionen verstehen wir alle gewünschten Bewegungen von Maul, Kopf und Hals. Sie schließen das »Hergeben« des Mauls in Form von auslösbarem Kauen und damit verbundenem Lecken und Schlucken mit ein. Arbeiten an der Stellung im Genick und der seitlichen Biegung des Halses gehören genauso dazu, wie das Öffnen oder Beu-

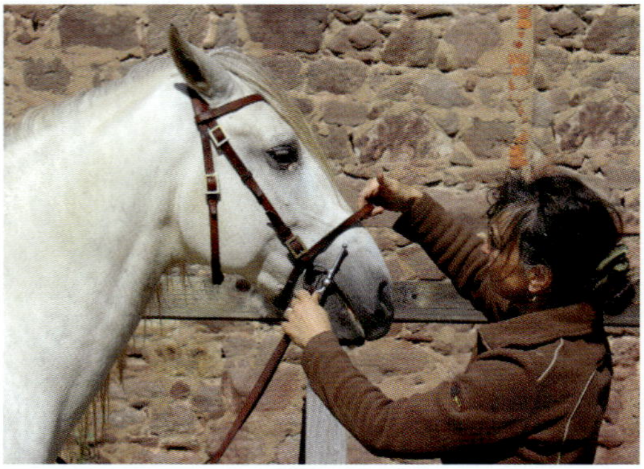

Der Nasenriemen wird locker mit »sehr viel Luft« verschnallt. Prinzipiell hat er keine Funktion.

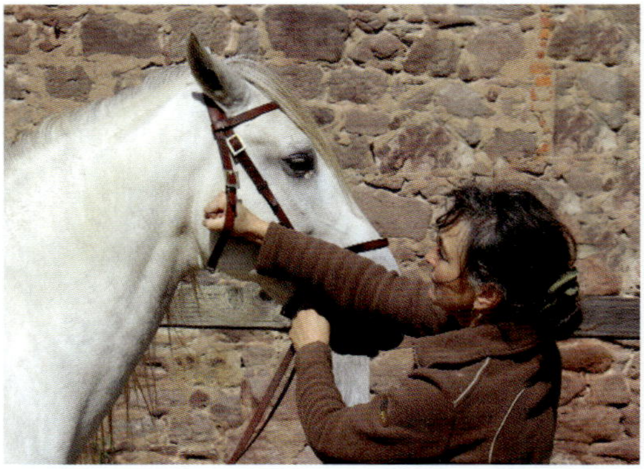

Auch der Kehlriemen muss lose verschnallt werden.

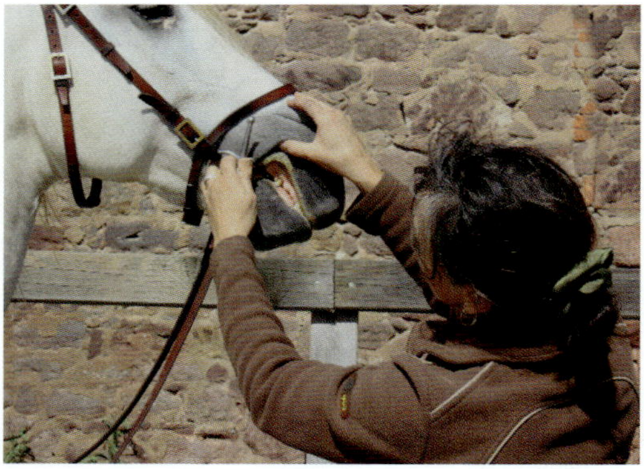

Die richtige Lage des Gebisses. Zieht man das Gebiss nach unten, darf es bei männlichen Tieren nicht an die Hakenzähne stoßen. Die innere Anatonie des Maules bestimmt die Lage des Gebisses, nicht die Falte im Mundwinkel, da manche Pferde eine lange und andere eine kurze Maulspalte im Verhältnis zur Höhe der Zahnlage haben.

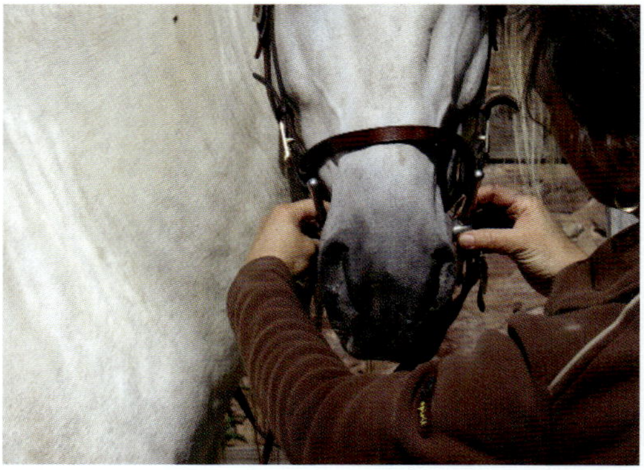

Das Gebiss muss zur Maulbreite des Pferdes passen. Besonders stabil liegt eine Schenkeltrense im Maul, wenn sie nicht seitlich heraussteht.

gen des Genicks oder das Heben und Senken des Halses. Durch das Anweisen einer bestimmten Haltung kann man das Pferd in seinem Gleichgewicht beeinflussen und Bewegungsabläufe unterstützen.

Die Fähigkeit des Pferdes zu Aufrichtung und Beizäumung ist der Schlüssel zu Gleichgewicht und Leichtigkeit. Die Abkauübungen sind ein enorm effektives Mittel, um dem Pferd zu Leichtheit zu verhelfen. Die Art wie das Pferd sich selbst trägt und damit leicht in der Hand wird, gibt Aufschluss über seinen Gleichgewichtszustand. Legt sich das Pferd auf die Hand, wird es sich immer schwer auf die Schulter stützen. Sein Gleichgewicht ist beeinträchtigt; es ist kopflastig und deswegen schwer lenkbar. Ein solches unausbalanciertes Pferd ist träge in der Reaktion und gilt landläufig als stur oder stumpf. Stellt man seine

Balance durch richtige Arbeit her, hat man recht bald ein ganz anderes – reaktives und aufmerksames – Pferd.

Ganz besonders wichtig sind die Flexions-Übungen für Pferde mit einem – für ein Reitpferd – ungünstigen Exterieur und für solche, die bereits Probleme durch ungünstige Reiterei bekommen haben. Alle Pferde, die ihre Bewegungen nicht harmonisch koordinieren können und nicht mit einem natürlichen guten Gleichgewicht ausgestattet sind (und das sind die wenigsten ...), benötigen eine intensive Schulung. Die Balance zu verbessern ist nur möglich, wenn das Pferd alle Widerstände aufgegeben hat, welche ihren Ursprung in Verspannungen und Blockaden haben. Exterieur bedingte Verspannungen drücken sich beim Pferd immer auch in einer gewissen Festigkeit des Unterkiefers aus. Deshalb ist es sinnvoll, das Pferd immer wieder während der Arbeit durch Abkauübungen zu lösen, wenn es irgendwo »fest« wird – so oft und so lange, bis sich die Geschmeidigkeit erneut herstellen lässt.

Wenn das Maul verspannt ist, sind immer auch Genick und Hals mit betroffen. Man kann sagen: **Genick, Kiefer und Hals sind in ihrem (Ver-) Spannungszustand verbunden.** Deshalb sind die Abkauübungen auch mit Biegungen im Hals verbunden.

Das Genick ist funktional mit dem Kreuzdarmbeingelenk (ISG) über die Dura Mater Spinalis (äußere harte Hülle des Rückenmarks) verbunden. Finden wir Blockaden im Genick, sitzen sie auch im ISG und dies äußert sich meist in Verspannungen in der Lende. Die Lende zu lösen ist eine wichtige Aufgabe bei der Ausbildung und so wirken die Flexionen weit über die Region hinaus, in der sie sich abspielen. Dies ist nur ein Beispiel der Zusammenhänge und erklärt die Wirksamkeit einer solchen Vorgehensweise.

Durch die Zusammenhänge zwischen den Verspannungen der Hinterhand mit Verspannungen in Kiefer und Genick, kann man von beiden Seiten aus mit lösenden Übungen ansetzen: das Lösen des einen Bereiches hilft beim Lösen des anderen und umgekehrt. Deshalb sind häufige Wechsel zwischen Flexionen, Basis-Seitengängen und Rückwärtsrichten sehr effektiv.

Hat man die Verspannungen der Vorhand und der Hinterhand beseitigen können, hat man bereits einen erheblichen Teil der Ausbildung des Pferdes vollbracht.

Praktische Ausführung der Flexionen

Stellen Sie das Pferd möglichst gerade hin, sodass die Vorderbeine vertikal und parallel stehen. Achten Sie darauf, dass sich diese Position während der Übungen nicht verändert.

Das Pferd steht zunächst in seiner natürlichen Haltung. Frontal vor dem Pferd stehend greifen Sie von beiden Seiten in das Gebiss und geben einen sich leicht steigernden Druck mit beiden Händen gleichzeitig **in Richtung der Maulwinkel**, bis das Pferd das Maul öffnet. Dann lösen Sie den Druck, um das Pferd in Ruhe kauen zu lassen. Hat das Pferd mit dem Kauen aufgehört, wird dieser Vorgang so lange wiederholt, bis sich das Kauen ganz leicht durch Druck in die Maulwinkel auslösen lässt.

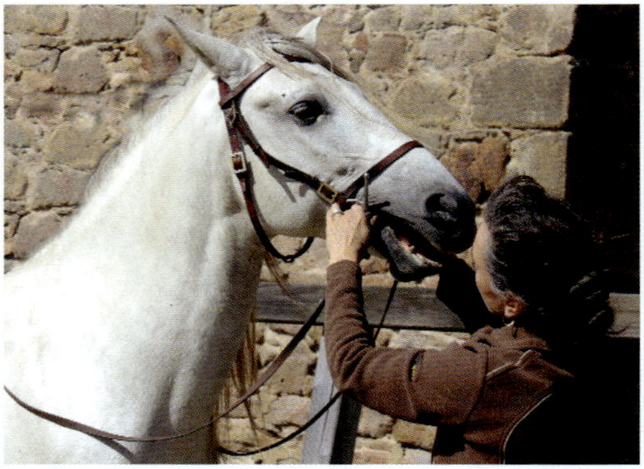

Jede Flexion beginnt damit, das Pferd kauen zu lassen.

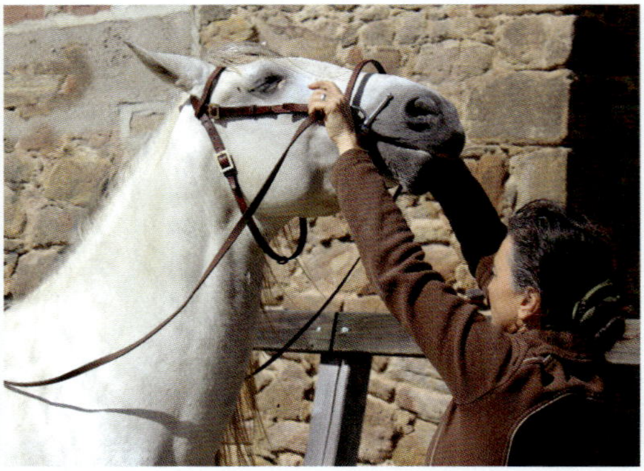

Das Pferd mit angehobener Halsbasis im Genick öffnen, um die Muskulatur an der Halsunterseite zu dehnen.

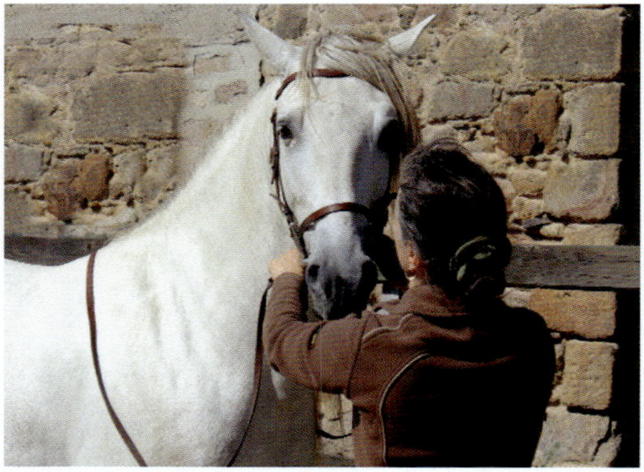

Mit geradem Hals das Pferd unter Kauen im Genick stellen.

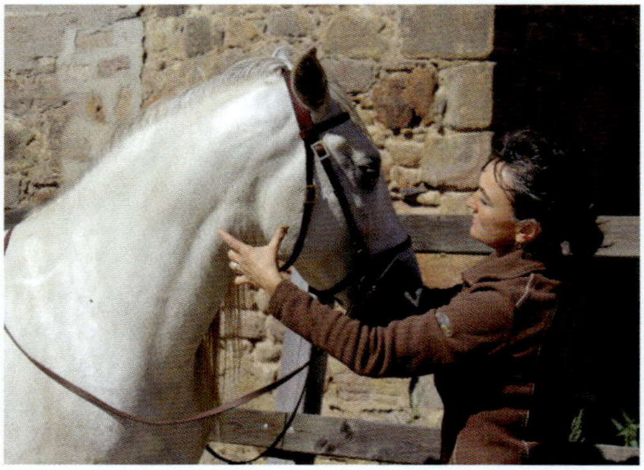

Dabei soll auf der Außenseite Weite entstehen.

Das Pferd von sich weg biegen. Das dient später dem Anweisen der Position von Travers oder Renvers.

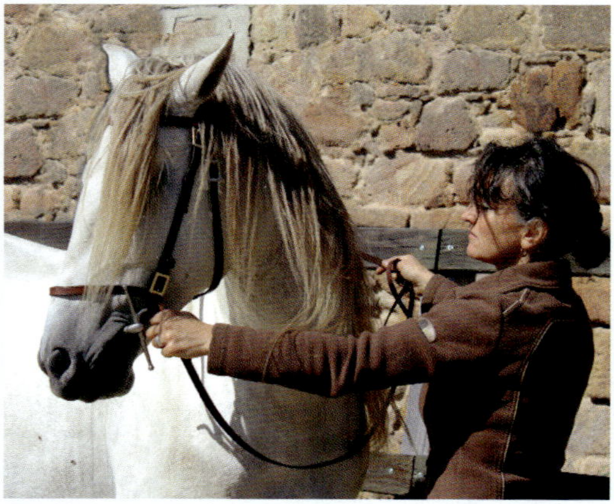

Bei diesem ersten Schritt der Flexionen geht es nur darum, das Kauen auslösbar zu machen. Achten Sie darauf, dass das Pferd dabei sonst nichts tut. Das Kauen soll getrennt abrufbar sein, ohne dass es die Hals-Kopf-Position verändert oder den Rest des Körpers bewegt. Dieses getrennt auslösbare Kauen macht es möglich, das Pferd während jeder beliebigen Übung wieder zu entspannen, wenn Verspannungen auftreten.
Im nächsten Schritt wird der Hals angehoben, um die untere Halsmuskulatur zu dehnen und das

Pferd dazu zu bringen, den Halsansatz anzuheben. Dazu werden in beide Maulwinkel gleichzeitig Vibrationen nach oben Richtung Genick gegeben. Dabei soll es das Genick weder weiter öffnen noch weiter beugen als vorher.
Hat das Pferd die Höhe erreicht, die zu diesem Zeitpunkt möglich ist, lässt man es diese Position einen Moment lang selbstständig beibehalten, ruft das Kauen kurz ab und entlässt es dann aus dieser Übung. Im nächsten Schritt lässt man das Pferd wieder die Hals-Basis anheben, wartet einen Moment ab und bringt dann den Kopf in die Waagerechte, wobei das Genick deutlich geöffnet wird. Pferde, die lange in einer zu engen, eingerollten Haltung gearbeitet haben, haben allerdings oft sehr starke Probleme, den Halsansatz zu heben und das Genick zu lösen. Bei diesen muss man sich zu Anfang mit sehr wenig Höhe und Öffnung zufriedengeben.
Eine hohe und offene Position sollte das Pferd langfristig leicht einnehmen können. Damit wird die untere Halsmuskulatur noch weiter entspannt. Das ist für die spätere Aufrichtung und Selbsthaltung des Pferdes sehr wichtig, damit später der Halsheber nicht gegen die unnachgiebige Unterhals-Muskulatur ankämpfen muss.

Zurück zu den Flexionen. Alle Flexionen sollten mit dem **Auslösen des Kauens** beginnen, damit sich das Pferd maximal lösen kann. Ist der Hals angehoben, die Hals-Basis stabilisiert und gekräftigt, geht es im nächsten Schritt an die **seitliche Beweglichkeit**. Besonders im Genick sind viele Pferde steif und dort ist Lockerung eine wichtige Voraussetzung für die Versammlung. Das Genick wird zunächst seitlich beweglich gemacht. Langfristig kann daraus die Beugung des Genicks, also die Beizäumung, entstehen.
Man bringt das Pferd wieder, vor ihm stehend, im Halsansatz etwas höher – mindestens in die Aktivitätshaltung. Dann wirkt man diagonal auf das Gebiss ein, um eine Drehbewegung des Kopfes und damit eine Stellung zu bekommen. Je nachdem, wie leicht das gelingt, verstärkt man die Stellung ein wenig.
Es bietet sich an, zuerst zur hohlen Seite des Pferdes und dann zur steifen Seite nachgeben zu lassen. Diese Reihenfolge ist für das Pferd einfacher und das Nachgeben auf der steiferen Seite wird gefördert. Achten Sie unbedingt darauf, dass diese Stellung wirklich im Genick stattfindet und nicht im Hals. Dieser soll hier zunächst gerade bleiben. Auf der äußeren Seite sollte sich der Abstand zwischen Ganasche und Hals deutlich vergrößern. Auf der Innenseite sollte der Ganaschenrand »hinter dem Hals verschwinden«, also nach innen zur Halsmitte zeigen.
Bei diesen Übungen ist es extrem wichtig, besonders gefühlvoll vorzugehen. Arbeiten Sie auf keinen Fall mit Kraft oder Gewalt, sonst richten Sie Schaden an.

Falls sich das Pferd mit angehobenem Hals besonders schwertut, im Genick seitlich nachzugeben, können Sie es zu Beginn etwas tiefer im Hals einstellen und die Ganaschen durch Vorstrecken des Halses leicht öffnen. Damit kann sich die Halsmuskulatur besser lösen. Durch diese Arbeit erlangt das Pferd dann in die Fähigkeit, das Genick zu beugen. Diese Genickbeugung kann

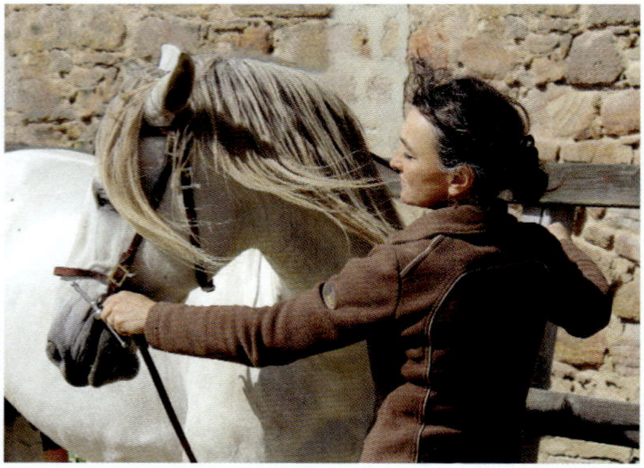
Den Hals tiefer in die Horizontale nehmen und vorsichtig bis zur Sattellage biegen.

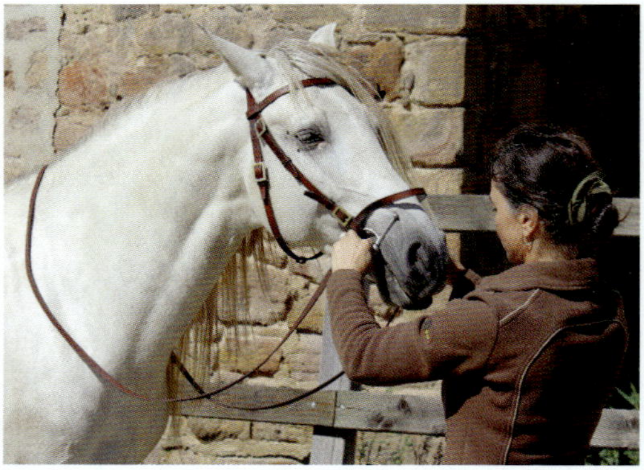
Dann im Wechsel das Genick wieder öffnen.

schließlich im Zuge der seitlichen Stellung mit abgerufen werden.
Bei Pferden mit einem sehr kurzen und ungünstig angesetzten Hals kann es sein, dass man auf die Beizäumung zugunsten der Aufrichtung verzichten muss. Das heißt, viele schwere Ponys oder Kaltblüter mit tiefem Halsansatz, dicken Hälsen und »wenig Platz« in den Ganaschen können nur durchs Genick gehen, wenn sie den Hals dabei senken. Da dies zuviel Gewicht auf die Vorhand bringt, ist dann lieber auf die Beizäumung zu verzichten, als auf die Halshöhe und Aufrichtung!
Wenn man es schafft, bei solchen Pferden die Schulter oben zu halten, obwohl der Hals etwas weiter nach vorn gestreckt wird (und damit die Ganaschen offen bleiben), bekommt man einen ganz guten Haltungs-Kompromiss.
Im Anschluss an diese Genick-Biegungen und -Beugungen kommt der ganze Hals mit ins Spiel. Dazu stellt man sich neben das Pferd, bringt den Hals in eine tiefere, horizontale Position und biegt das Pferd von sich weg. In dieser horizontalen Halsposition befindet sich das Genick auf der Höhe des Widerrists. Der Hals-Kopfwinkel wird bei der Biegung leicht geöffnet, sodass sich der ganze Hals strecken kann. Die Biegung wird so ausgeführt, dass sich als Endziel das Maul des Pferdes allmählich Richtung Sattellage bewegen lässt.
Diese Übungen haben einen sehr positiven Effekt auf die Meridiane, die für den Verdauungstrakt zuständig sind. (s. Robert Stodulka (2009) »Das Phänomen François Baucher«) Pferde, die Verdauungsprobleme haben, sollten auf jeden Fall regelmäßig so flexioniert werden.

Gelingen diese Übungen im Stehen gut, kann man das Pferd mit Genickstellung oder Halsbiegung »hinter sich herziehen«. Man greift wieder von vorne links und rechts in das Gebiss, bewegt sich selbst rückwärts und richtet den Pferdekopf und Hals in die Richtung aus, in der man selbst geht. So kann man sich auf Volten, Achten und Schlangenlinien durch die Bahn bewegen. Langfristig kann man das Pferd dabei auch schon in Außenstellung Wendungen ausführen lassen.

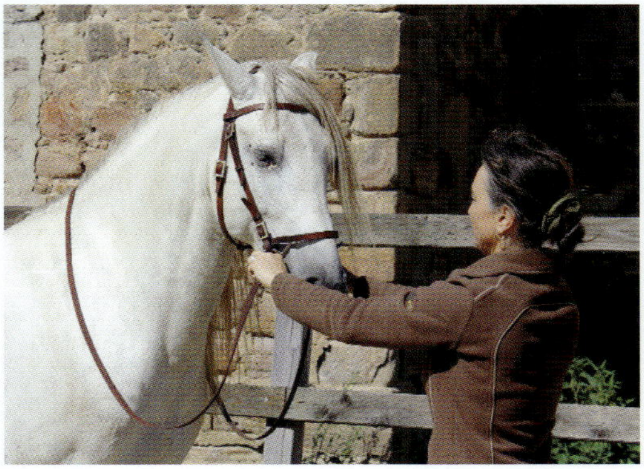

Das Genick vorsichtig unter Kauen beugen lassen.

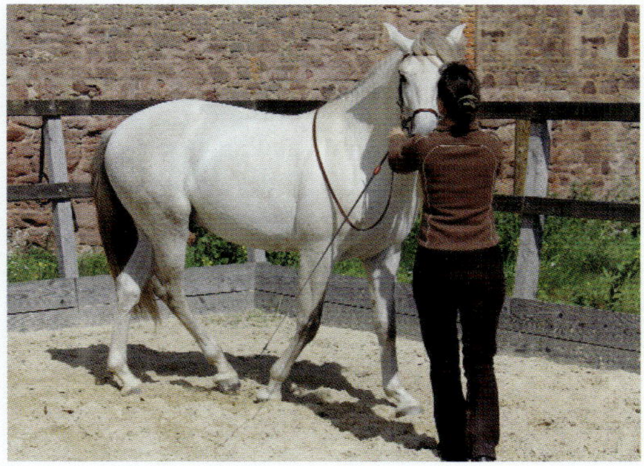

Das Pferd im Schritt stellen und biegen.

Ist das Pferd gut flexioniert, hat es verstanden, über Vibrationen am Gebiss Richtung Maulwinkel den Hals anzuheben und auf Zug den Hals nach vorne zu strecken.
Das Pferd ist in alle seitlichen Richtungen nachgiebig geworden, und man kann mehr und mehr die Beizäumung mit einbeziehen. In diesem Stadium steigert man den Anspruch an Selbsthaltung und Beizäumung, bis das Pferd schön aufgerichtet durchs Genick geht. Je nach Körperform des Pferdes kann dies ein langwieriger Prozess sein. Die Genickbeugung darf auf gar keinen Fall erzwungen werden.

Bei dieser Arbeit muss man darauf achten, dass die Hals-Basis trotz aller Beweglichkeit insgesamt stabil bleibt und kräftiger wird. Einen wackeligen Hals mit einer Basis, die sich permanent vom Schultergürtel durch seitliches Abknicken löst, bringt erneut Balanceprobleme mit sich, weil das Pferd damit in Wendungen oder Seitengängen über die Schulter wegläuft. Das Ganze klingt widersprüchlich, ist aber eine Frage des Abwägens der Vor- und Nachteile von Stabilität und Beweglichkeit. Wenn ein Pferd grundsätzlich beweglich ist und in guter Aufrichtung arbeiten kann, treten die seitlichen Flexionen stark in den Hintergrund. Diese Fragen sollten wieder durch einen erfahrenen Ausbilder entschieden werden.

Basisarbeit und Basis-Seitengänge auf Trense gezäumt

Wenn das Pferd durch die Flexionen die Sprache, die über das Gebiss vermittelt wird, gut verstanden hat, das Kauen und die Nachgiebigkeit erarbeitet wurden, dann kann das Pferd in allen oben beschriebenen Basisübungen an der Hand auf Trense geführt werden. Nun hat man die Zügel in beiden Händen. Man wendet sich dem Pferd seitlich zu. Der innere Trensenzügel wird ganz nah am Gebiss geführt. In der anderen Hand wird etwa auf Höhe der Mitte des Schulterblatts der äußere Zügel so geführt, dass das Pferd gut gerade gehalten werden kann und an beiden Zügeln gleichmäßiger Kontakt möglich ist.

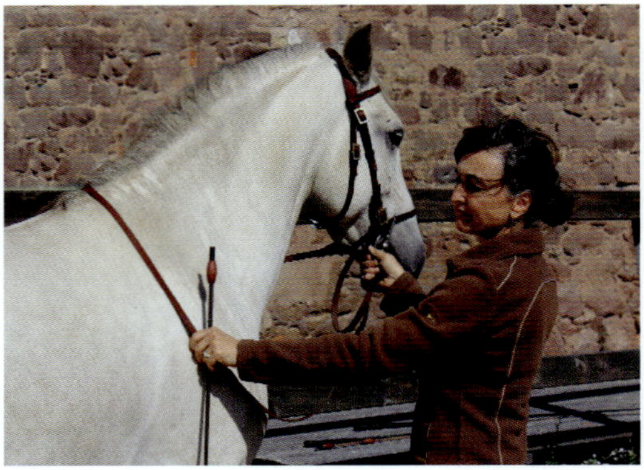

Grundposition auf Trense: Der innere Zügel wird nah am Trensenring aufgenommen und in einer Schlaufe gefasst. Der äußere Zügel liegt am Schulterblatt des Pferdes.

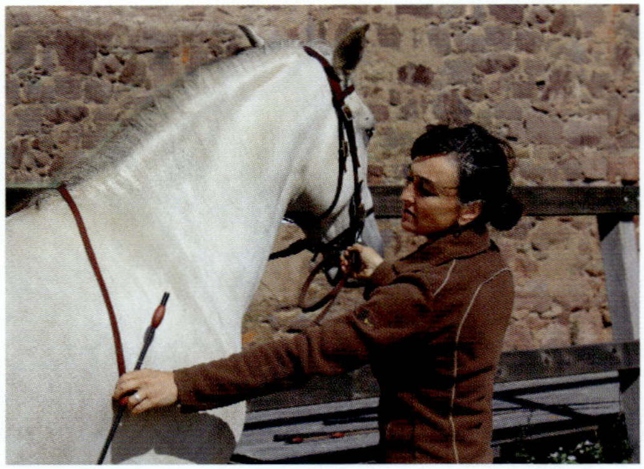

Zum Einwirken mit der Hand beim Biegen, kann die Hand bis in die Sattellage zurückgenommen werden und die Gerte am Gurt einwirken.

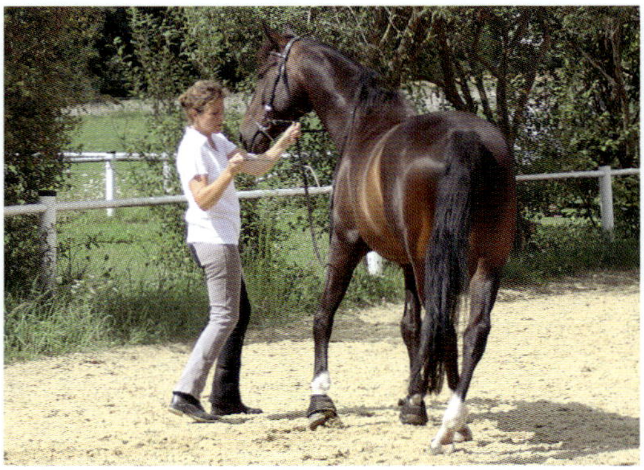

Übertreten an einem Zügel funktioniert dann, wenn das Pferd nicht mehr über die äußere Schulter ausweicht. Das lässt dem Pferd mehr Freiheit und erzieht es dazu, im Hals stabil und in der Position zu bleiben, ohne begrenzt zu werden .

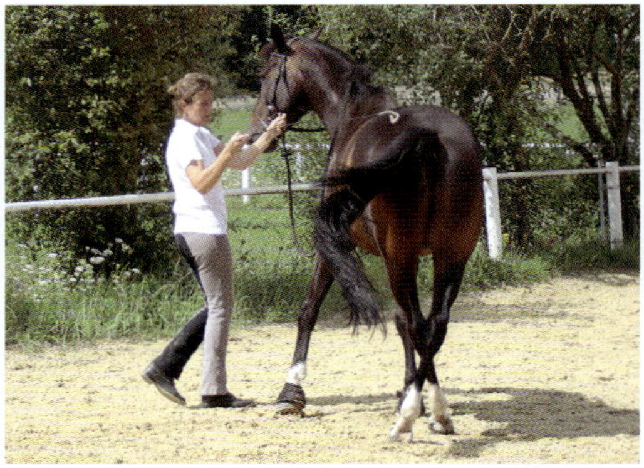

Hannoveraner »Calvados« (hier mit Annette Müller), 11-jährig.

So erarbeitet man erst mal das Führen in verschiedenen Tempi. Es geht also zuerst wieder um Tempokontrolle und Anhalten. Danach kommt die Linien- bzw. Schulterkontrolle in verschiedenen Wendungen hinzu. Gelingt dies, kann man mit den Basis-Seitengängen auf Trense beginnen. Der Vorteil bei der Zäumung auf Trense ist, dass man die Hals-Kopf-Position genauer bestimmen kann und einem ungewollten Verbiegen des Halses entgegenwirken kann. Das Übertreten ist auch ohne das Aufnehmen der Zügel möglich. Man nimmt den inneren Zügel nah an der Trense in eine Hand und lässt die Zügel locker über dem Hals liegen – die Führung ist ähnlich der Führung, die man schon auf Kappzaum erarbeitet hat. Der Vorteil ist eine freie, ungezwungene Haltung des Pferdes. Der Nachteil ist, dass man die äußere Schulter nicht so gut begrenzen kann wie mit

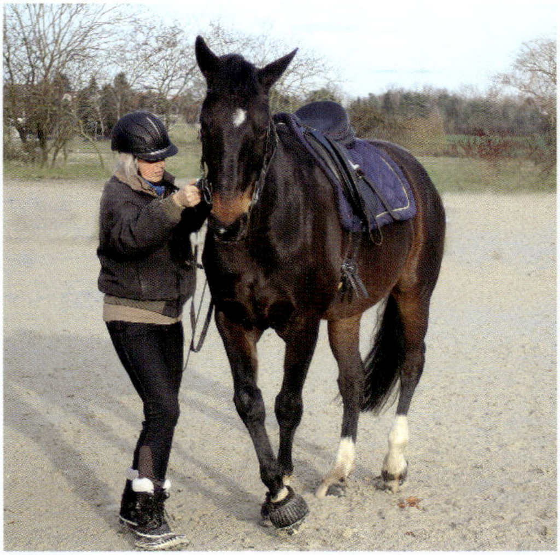

»Calvados« in einer Traversvolte, einer Wendung um die Hinterhand mit etwas größerem Radius. Wichtig bei diesen Wendungen ist, dass sich das Pferd nicht im Genick verwirft.

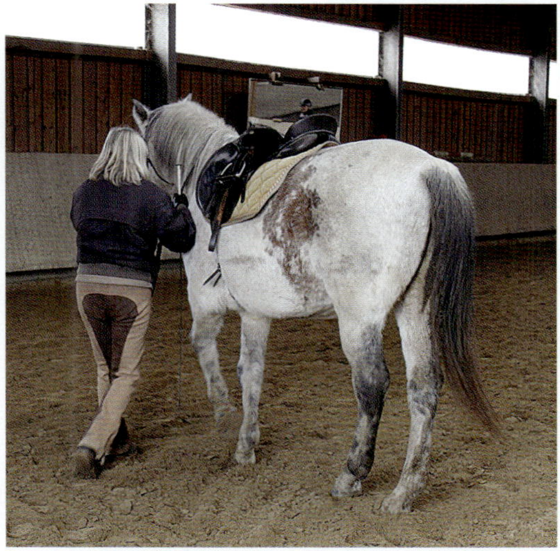

Die gleiche Traversvolte von hinten mit Angloaraber »Elvis«, 15-jährig. Es handelt sich um eine Traversbewegung im Kreis. Verkürzt sich der Radius des Kreises, den die Hinterbeine beschreiben, ist das eine Hinterhandwendung.
Deutlich sieht man eine »Gleichschaltung« der (Vorder-)Beine von Elvis und Kerstin Diacont.

dem richtig aufgenommenen äußeren Zügel. Neigt ein Pferd dazu, über die äußere Schulter wegzulaufen, kann man auch nur in oder dicht an den äußeren Trensenring fassen und ohne inneren Zügel arbeiten.

Je besser das Pferd das Übertreten ausführen kann, desto enger können die Kreislinien beim Übertreten werden – bis hin zur **Wendung um die Vorhand**. Bei der Vorhandwendung tritt die Vorhand ganz auf der Stelle und die Hinterbeine kreuzen stark; damit muss das Pferd den Rücken vermehrt aufwölben.

Bei der **Wendung um die Hinterhand** kann das Pferd mit der Trensenführung bereits in eine vermehrte Aufrichtung geführt werden. Damit erhöht sich der versammelnde Effekt der Übung. Hat man all dies gut erarbeitet, kann man zu den Seitengängen übergehen, wie sie auch in Dressurprüfungen gefordert werden (nennen wir sie deswegen die Lektions-Seitengänge), bei denen es bereits um vermehrte Hankenbeugung geht. Durch die geringere Abstellung und leichte Längsbiegung sind die Hinterbeine nun vermehrt unter den Schwerpunkt des Pferdekörpers ausgerichtet und treten nicht am Schwerpunkt vorbei wie bei den Basis-Seitengängen. Es geht nicht mehr nur um Mobilisation, sondern bereits um Beugung der Hankengelenke und Kräftigung des jeweils angesprochenen Hinterbeines. Die Schulterkontrolle mit dem äußeren Zügel ist nun zwingend notwendig, damit diese Lastaufnahme richtig zustandekommen kann. Ohne einen be-

Traversvolte · Ablauf in 12 Bildern

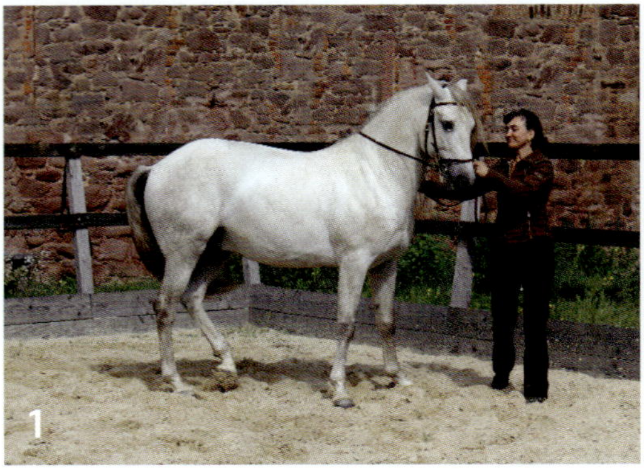

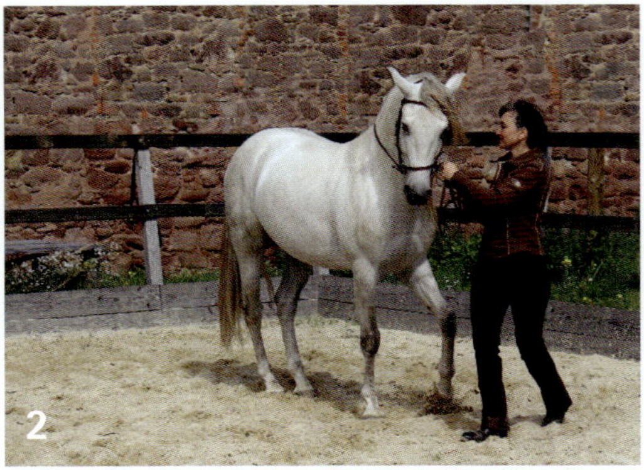

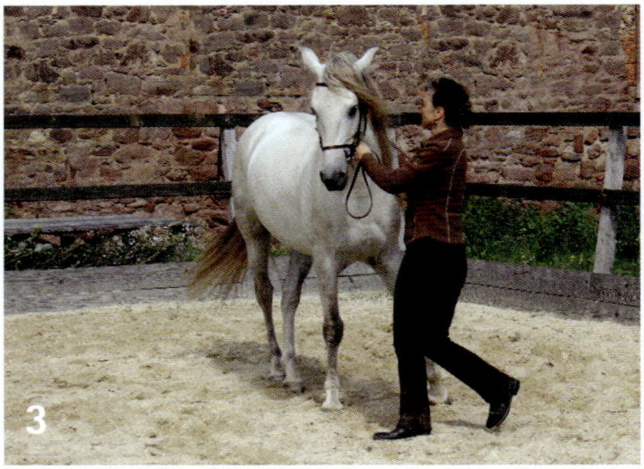

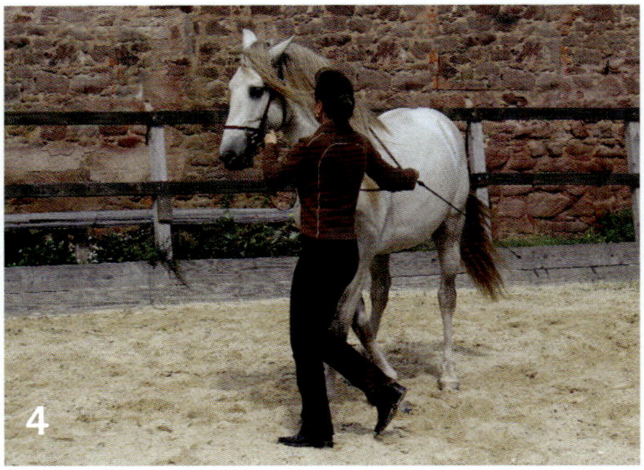

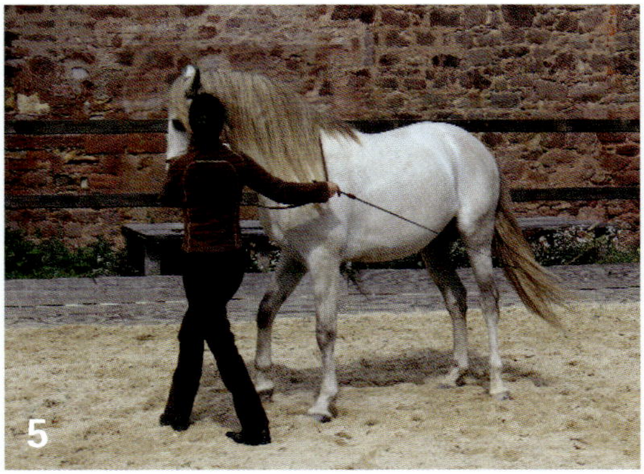

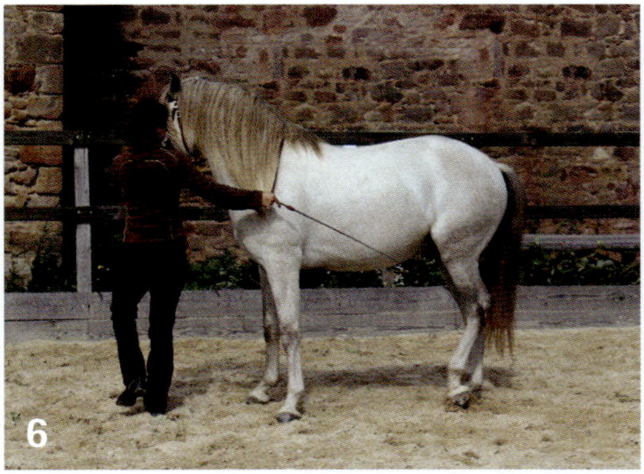

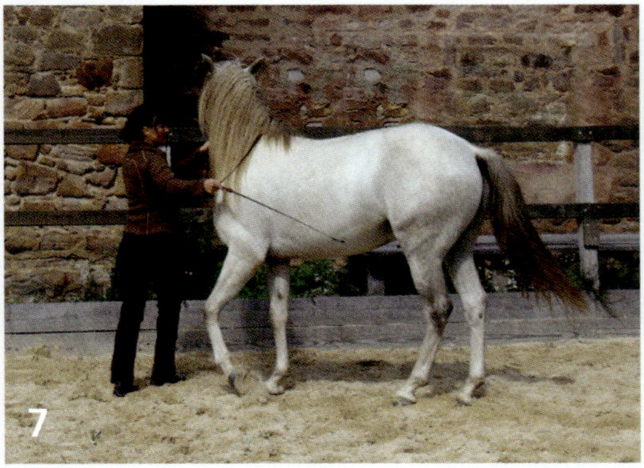
7

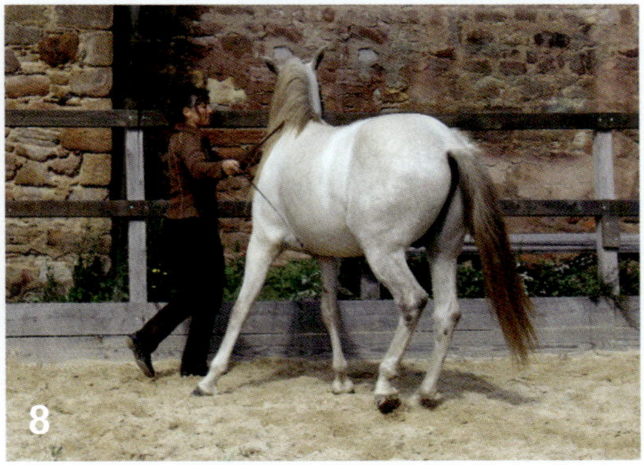
8

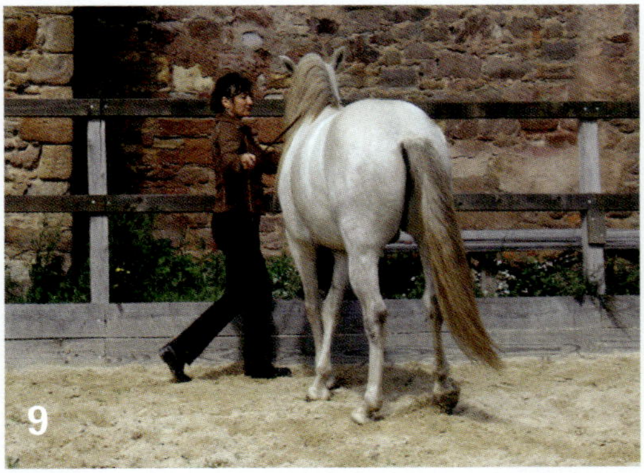
9

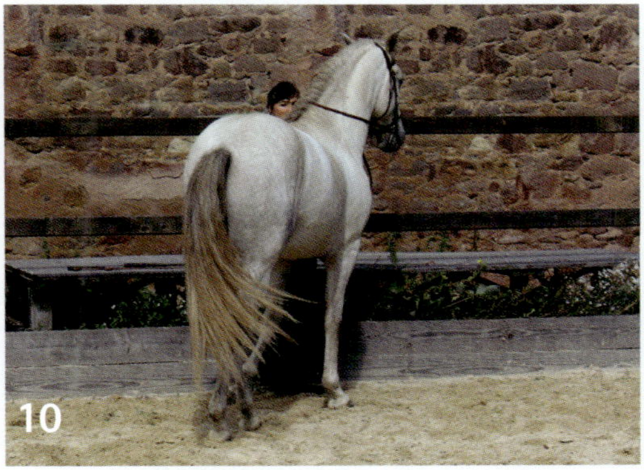
10

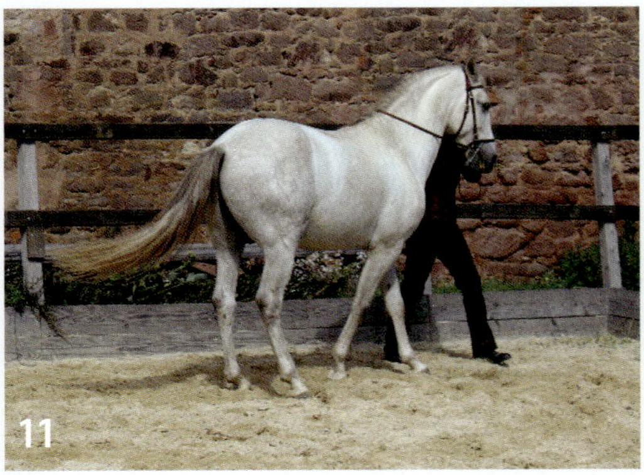
11

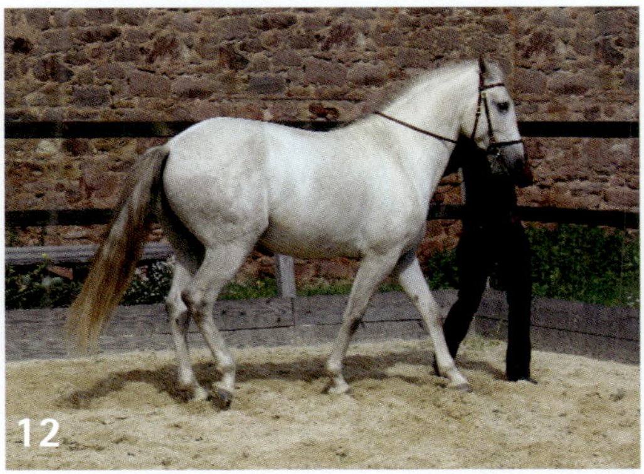
12

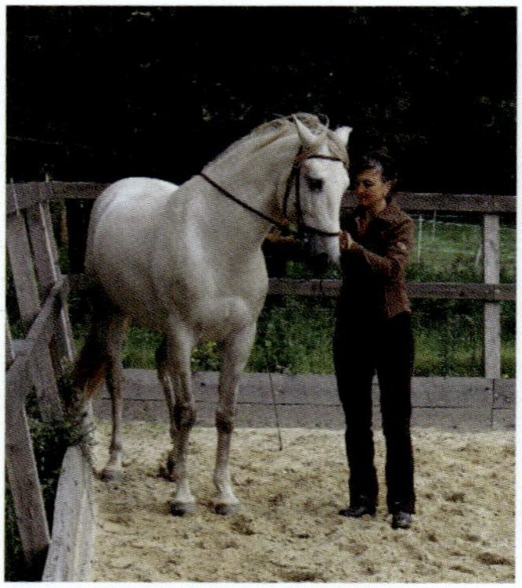
Schulterherein: 3 Spuren

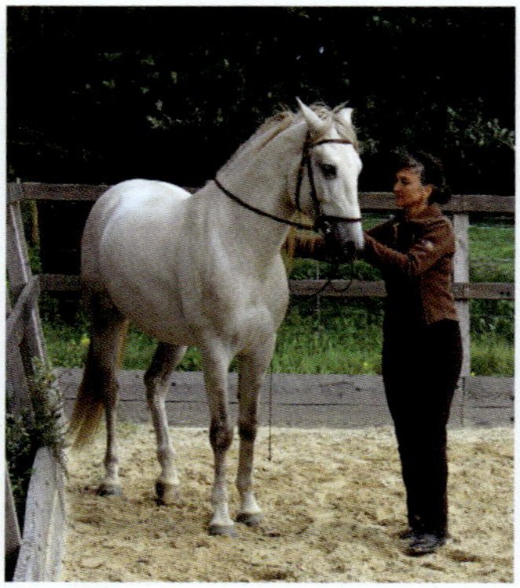
Schulterherein: 4 Spuren

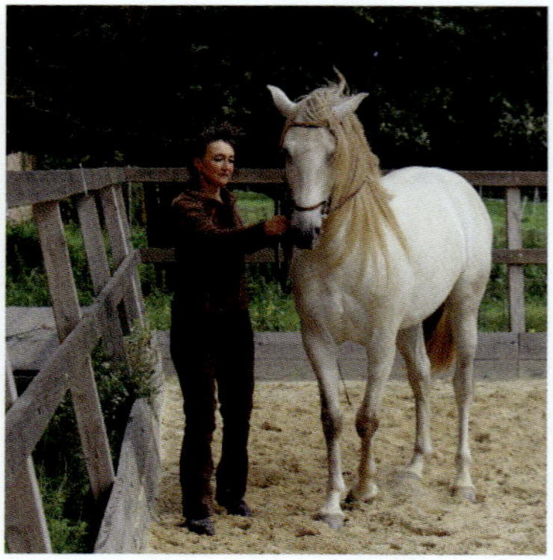
Travers: 4 Spuren

grenzenden äußeren Zügel würde sich das Pferd der anstrengenden Lastaufnahme mit dem inneren Hinterbein durch Weglaufen über die äußere Schulter entziehen. Es fällt auf die äußere Schulter und die versammelnde Energie »verpufft«.

Lektions-Seitengänge mit dem gebogenen Pferd

Zu den Lektions-Seitengängen zählen wir das **Schulterherein** und das **Konterschulterherein**, bei denen das Pferd gegen die Bewegungsrichtung gestellt und gebogen ist. Das sind die für das Pferd leichter zu bewältigenden Seitengänge. Das innere Hinterbein tritt unter den Schwerpunkt und der äußere Zügel verhindert, dass sich das Pferd zu hohl macht.

Als aufbauende Lektionen kommen **Travers**, auch Kruppeherein genannt, und **Renvers**, welches als Kontertravers anzusehen ist, dazu. Bei diesen beiden wird das Pferd in die Bewegungsrichtung gestellt und gebogen. Das erfordert eine stärkere Dehnung der äußeren Seite und ein für das Pferd schwierigeres Seitwärts-Übergreifen des äußeren Hinterbeins gegen die Dehnung sowie eine bessere Schulterfreiheit, damit das innere Vorderbein gut seitwärts ausgreifen kann. Ohne einen angehobenen Hals wird immer die Schulterfreiheit behindert sein und das Pferd klemmt im Travers.

Alle lektionsmäßigen Seitengänge werden mit Längsbiegung gefordert. Die Abstellung beträgt 30–45 Grad, was etwa einer Ausführung auf 3–4 Hufspuren entspricht.

Beispiel: Im Schulterherein links auf 3 Hufspuren geht – von hinten oder vorn betrachtet – das linke Vorderbein auf einer Linie (Spur), das linke Hinterbein und das rechte Vorderbein gehen gemeinsam auf einer zweiten Linie und das rechte Hinterbein geht auf einer dritten Linie.

Auf 4 Hufspuren ausgeführt, hat jedes Bein seine eigene Linie, da das Pferd mehr Abstellung hat und damit stärker seitwärts geht.

Bei einer geringeren Abstellung würde man von **Schultervor** sprechen. Das ist im Prinzip die Vorstufe des Schulterherein, die man fordert, wenn das Pferd noch nicht genug Kraft hat, um mit

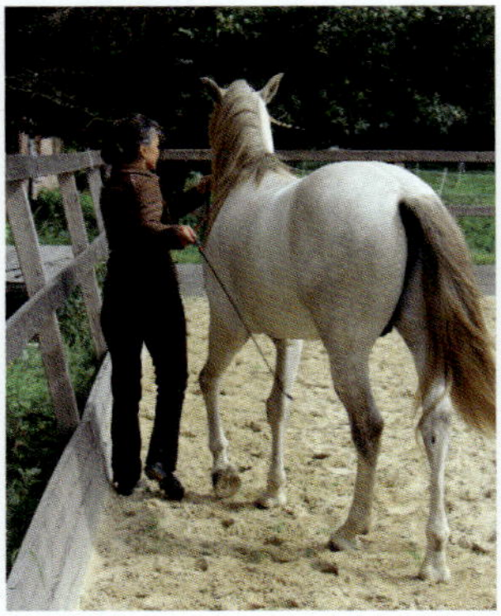

Travers von hinten.

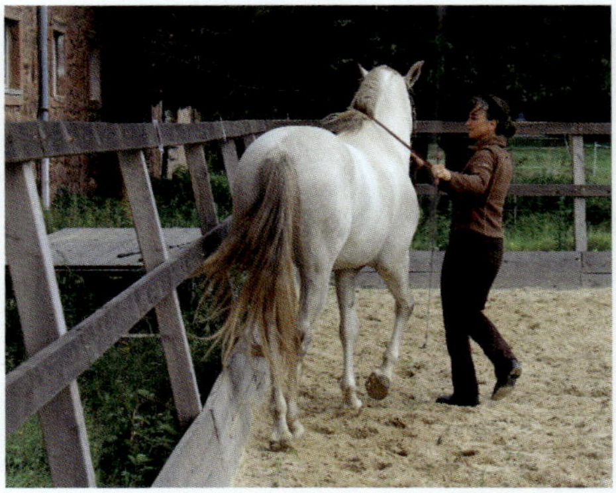

Renvers von hinten

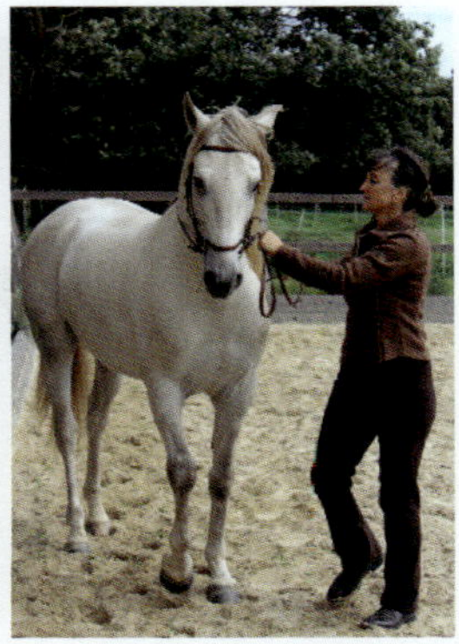

Renvers von vorn.

Übersicht über die Seitengänge mit Längsbiegung

Auf den Bildern unten sind jeweils Schulterherein und Travers auf 3 bzw. 4 Hufspuren dargestellt und daneben die Konterbewegungen Konterschulterherein und Renvers, die jeweils an sich die gleiche Bewegung darstellen, nur mit der Bande auf der anderen Seite. (Die gestrichelte graue Linie ist die Bande.)

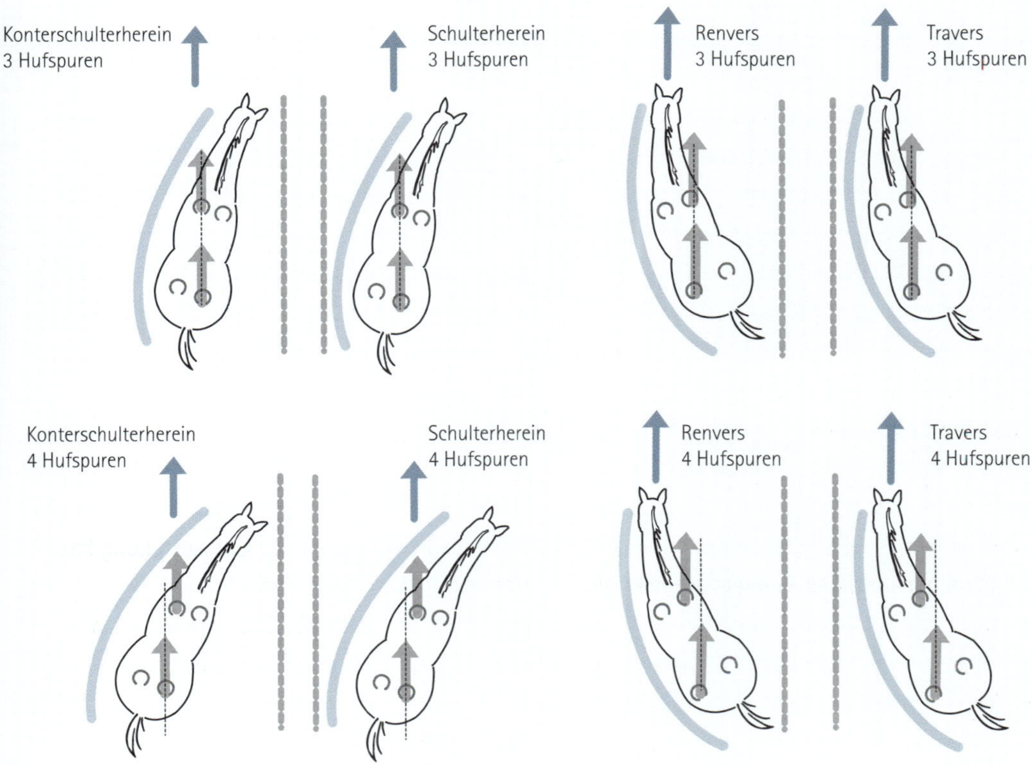

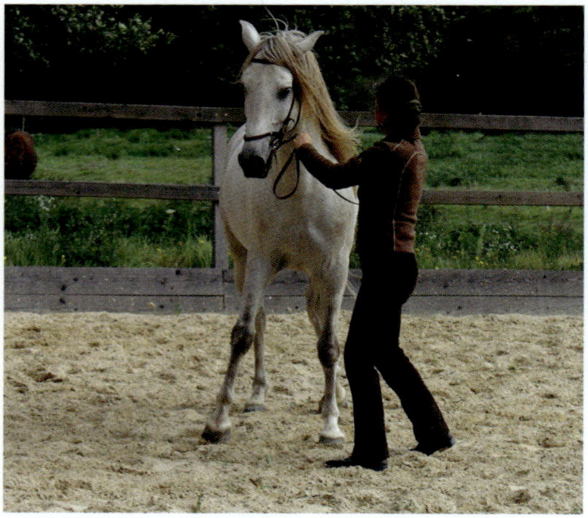

Traversale nach rechts.

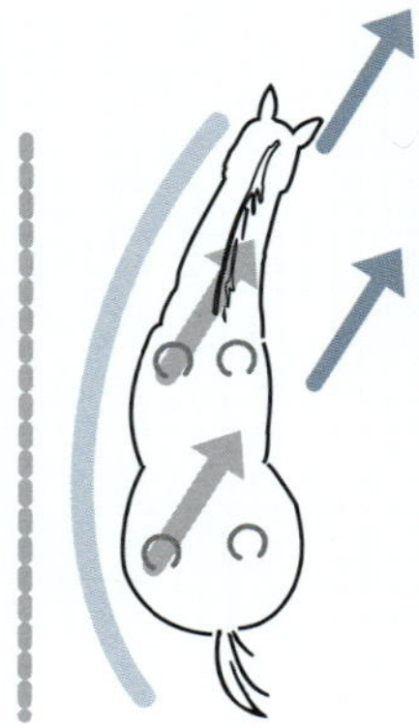

Die Traversale unterscheidet sich vom Travers durch die Bewegungsrichtung in der Diagonalen. Das Pferd »führt« die Bewegung mit der Vorhand.

Der Mensch braucht für die Traversale eine noch bessere Orientierung im Raum, weil er sich nicht mehr an der Bande entlang bewegt.

dem inneren Hinterbein gut Last aufzunehmen. **»Konter-Übungen« werden immer mit Bezug zur Bande bzw. zur Linie, auf der man sich bewegt, definiert.** Ein Schulterherein links auf der linken Hand wird zum Konterschulterherein rechts, wenn man ohne den Seitengang zu wechseln auf die rechte Hand wechselt. Im Schulterherein links ist das Pferd nach links gebogen und bewegt sich nach rechts seitwärts und befindet sich auf einer beliebigen Linie auf der linken Hand. Geht man im Schulterherein links z.B. auf einer Diagonalen auf die rechte Hand über, wird es zum Konterschulterherein rechts, weil das Pferd immer noch im Schulterherein links geführt wird – dies jetzt aber auf der rechten Hand.
Im Travers verhält es sich genauso: Das Pferd läuft z.B. im Travers rechts mit Rechtsbiegung nach rechts seitwärts. Ändern wir die Bewegungsrichtung und führen das Pferd im Travers auf die Diagonale, sind wir in der Traversale nach rechts.

Geht man in der gleichen Stellung und Biegung nach der Traversale rechts auf der linken Hand weiter an der Bande entlang, wird die Bewegung zum Renvers links.
Diese Bezeichnungen kann es nur geben, wenn man sich auf einem abgegrenzten Platz bewegt, weil es da ein Innen und Außen gibt. Bewegt man sich jedoch auf der Mittellinie oder draußen auf einem Weg, gibt es keine Konter-Übungen, weil man die Bewegung auf einer geraden Linie keiner Richtung (rechts/links herum bzw. innen/außen) zuordnen kann.
Wir machen immer wieder die Erfahrung, dass der Mensch (am Boden und im Sattel), bei den Seitengängen leicht die Orientierung im Raum verliert – und dementsprechend dem Pferd keine klaren Vorgaben mehr machen kann. Hier ist es hilfreich, sich die **komplette Bewegung von Mensch und Pferd im Raum bildhaft vorzustellen** oder auch auf einem Blatt Papier aufzuzeichnen und später eine Art »Film« im Kopf zu

erzeugen: Wo bin ich, wo will ich hin (Linie), wie ist das Pferd gestellt und gebogen?

Schulterherein/Konterschulterherein

Das Schulterherein entwickelt man am besten aus der Volte. Dazu nimmt man das Pferd gleichmäßig an beiden Zügeln auf, bewegt sich zuerst auf dem Hufschlag entlang und wendet auf die Volte. In dieser bekommt man automatisch das »Hereinführen der Schultern« und die Biegung nach innen, die man im Schulterherein braucht. Hat die Volte gut geklappt und das Pferd ist mit der Hinterhand in der Spur der Vorhand geblieben, führt man die Schultern in die Bahn, so als wollte man die Volte erneut beginnen. Dabei führt man die Vorhand nur soweit von der Bande weg, dass die Hinterhand noch an der Bande bleibt. Dann bremst man das Pferd durch leichtes Anheben des Halses in der Vorwärtsbewegung etwas aus und treibt es mit Hilfe der Körpersprache und der Gerte in der Gurtlage seitwärts an der Bande entlang. Es bewegt sich dann »gebogen geradeaus«. Ist dies ein paar Schritte gut gelungen, kann man das Pferd wieder gerade stellen (die hereingenommene Schulter an die Bande zurückkehren lassen), anhalten und Pause machen.

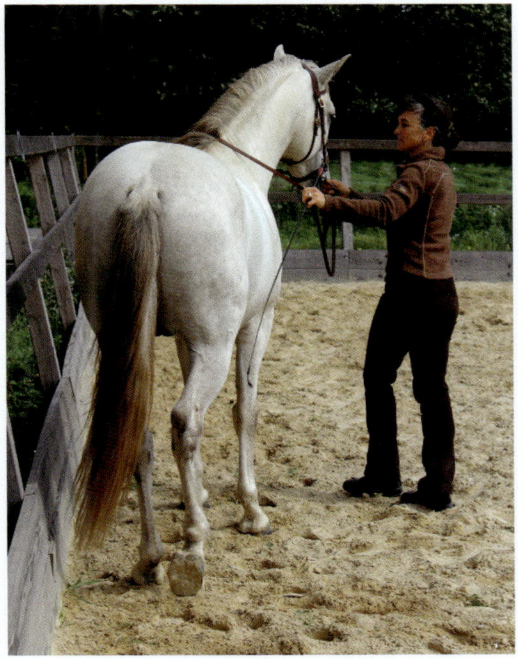

Schulterherein auf 3 Spuren von hinten.

Wenn das Pferd in den ungebogenen Basis-Seitengängen gut geschult worden ist, wird es relativ schnell das Schulterherein erlernen. Besonders wichtig ist, darauf zu achten, dass der äußere Zügel das Pferd so gerade hält, dass es nicht an der Hals-Basis nach innen abknickt und über die äußere Schulter wegläuft. Die **Schulterkontrolle**, die auch schon in den Wendungen erarbeitet wurde, spielt hier eine sehr wichtige Rolle. Ohne diese Kontrolle fällt das Pferd auf die äußere Schulter und damit vermehrt auf die Vorhand. Ein Pferd, das im Schulterherein über die äußere Schulter davonläuft, profitiert von diesem Seitengang nicht; im Gegenteil, man bringt es damit aus dem Gleichgewicht. **Außerdem ist es extrem wichtig, nicht am inneren Zügel hängen zu bleiben!**

Auch damit bringt man das Pferd aus dem Gleichgewicht. **Das Pferd soll in allen gebogenen Übungen am lockeren inneren Zügel geführt werden.** Die gebogenen Seitengänge sollen unbedingt in einem sehr ruhigen Tempo erarbeitet werden. Sie müssen im Verlauf der Ausbildung gleichmäßig und taktrein werden. Im Laufe der

Zeit sollte das Pferd dabei eine schöne, seinem Körper entsprechende Aufrichtung bekommen. In den lektionsmäßigen Seitengängen können Sie gut an der Selbsthaltung des Pferdes und der Beizäumung arbeiten und das Pferd mehr und mehr in den Schulschritt fördern. Im Schulschritt bewegt sich das Pferd langsam und erhaben. Es hebt die Schultern stärker an, lässt die Vorderbeine dabei länger in der Luft und jedes Bein hat eine akzentuierte eigene Phase in einem sauberen Viertakt. Die Anforderungen an die Balance sind beim Verzögern des Auffußens erhöht; dies verzögerte und konzentrierte Aufsetzen der einzelnen Beine bringt einen höheren Versammlungsgrad mit deutlicher Arbeit im Becken. Versammlung bedeutet auch, dass der Rumpf über das bewegliche Becken mitarbeitet und keine Versteifungen aufweist, und dass das Pferd die Arbeit nicht nur mit den Beinen ausführt. Im ersten Fall sprechen wir von einem Rückengänger, bei dem alle Bewegungen und die Energie durch den ganzen Körper fließen; im zweiten, nicht wünschenswerten, von einem Schenkelgänger. Gute Versammlung ist ein großes, nicht leicht zu erreichendes Ziel. Haben wir es jedoch erreicht, wirkt die frei fließende und kontrollierbare Energie stoßdämpfend beim Auffußen, was den Gelenkverschleiß deutlich vermindert und Arthrosen und anderen Überlastungs-Schäden entgegenwirkt.

Travers · Traversalen · Renvers

Wenn das Pferd das Schulterherein gut ausführt und man im Schulterherein alle erdenklichen Linien anweisen kann – sich also auf gebogenen Linien in alle Richtungen durch die Halle bewegen

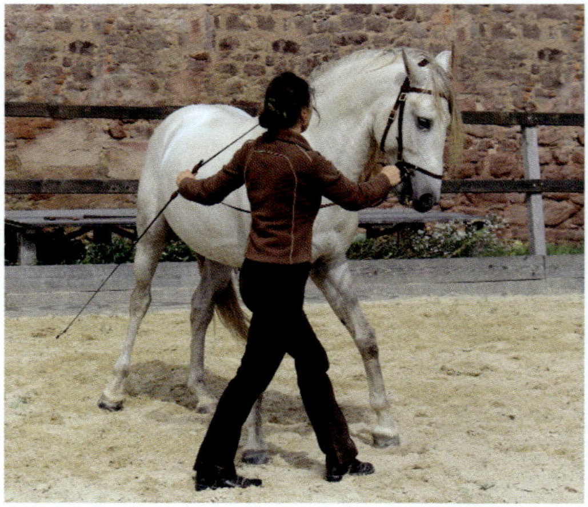

Die Traversvolte.

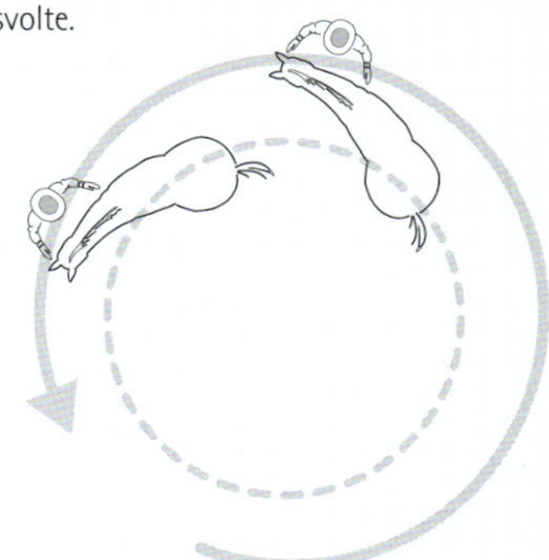

kann – entwickelt man aus dem Konterschulterherein das Travers. Man führt hierzu das Pferd von außen an der Bande im Konterschulterherein und entwickelt durch die Änderung der Biegung in Bewegungsrichtung das Travers. Gern nehmen die Pferde in diesem Moment den Hals etwas tiefer und belasten die Schultern zu stark. Die Traversstellung ist anstrengender als das Schulterherein, wie oben schon beschrieben. Deshalb suchen sie nach einem Weg, der die Arbeit erleichtert.

Achten Sie darauf, dass das Pferd den Hals hoch genug behält, und treiben Sie es mit maximal 45-Grad-Abstellung von der Bande seitwärts. Das

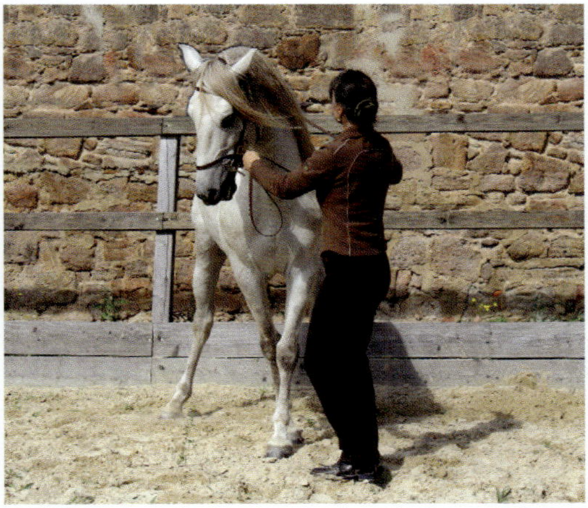

Die Renversvolte.

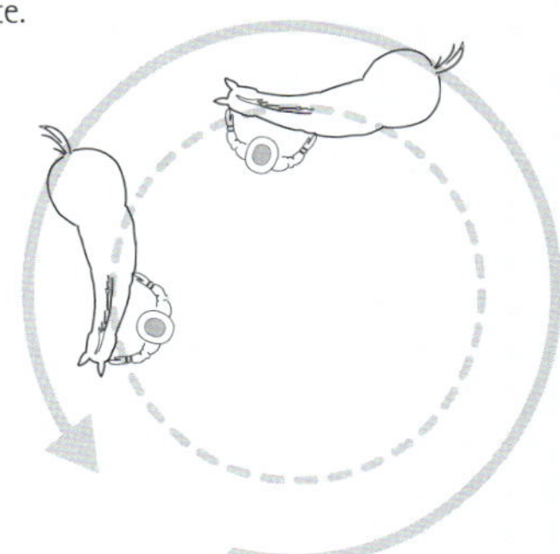

Pferd soll nicht nur im Hals, sondern auch im Genick seitlich nachgeben; das Genick ist immer der höchste Punkt. Rollt sich das Pferd ein, ist die Traversübung unnütz, bringt das Pferd auf die Vorhand und blockiert die Schulter. Das »Oben-Behalten« des Halses verhindert, dass sich das Pferd einrollt und sich der Biegung entzieht. Pferde, die mit der gebogenen Seitwärtsbewegung noch ihre Schwierigkeiten haben, weichen gerne nach unten aus. In diesem Fall macht es Sinn, in der Travers-Position einige Volten zu gehen; der Mensch geht dabei außen. Das übt man, bis die Biegung gut hergestellt und erhalten werden kann. Dann kehrt man zurück zur Bande und führt das Pferd wieder geradeaus an der Bande entlang ins Travers.

Hat das Pferd sehr große Probleme, die Biegung im Travers beizubehalten, kann man aus dem Halt mit dem Travers beginnen: Man bringt das durch die Flexionen biegsame Pferd in die gewünschte Position und setzt es dann in Bewegung. So verliert das Pferd nicht so schnell die Balance und bleibt länger in der Biegung. Auch hier gilt wieder: **Nicht am inneren Zügel hängen bleiben!** Wenn der Anfang so gelingt und das Pferd zwischendurch die Biegung verliert, kann man erneut anhalten, um die Biegung unter Abrufen des Kauens im Halten herzustellen und damit die Balance wieder zu erlangen.

Hat das Pferd mit Hilfe der Bande gut gelernt, traversartig geradeaus zu gehen, kann man beginnen, sich erst durch die Ecken und dann auf der Diagonale von der Bande weg in eine **Traversale** zu bewegen.

Noch schwieriger wird es, wenn man im Anschluss an die Traversale das Pferd – direkt nach dem Handwechsel an der Bande angekommen – ins Renvers führt. Gelingen die Traversalen und das Renvers an der Bande auch durch die Ecken, kann das Pferd ausführlich in **Travers- und Renvers-Volten** gearbeitet werden. Diese beiden Übungen sind für die Versammlung sehr wertvoll. Um zu prüfen, womit das Pferd noch Schwierigkeiten hat, kann es auf Achten und anderen gebogenen Linien traversartig geführt werden. Hierbei kann man gut erkennen, wo noch Probleme auftreten und in welche Richtung man sich öfter bewegen sollte.

Beobachtung von außen!

Auch an dieser Stelle sei noch mal erwähnt, dass dieses Buch nicht dazu verleiten soll, auf guten Unterricht (am Boden wie im Sattel) zu verzichten! Die Beobachtung durch einen erfahrenen Ausbilder ist enorm wichtig, da es immer wieder darauf ankommt, zu überprüfen, »WIE« etwas ausgeführt wird. Allein ist dies kaum möglich, weil der »Blick mit Abstand« fehlt. Nur ganz wenige extrem talentierte Menschen kommen rein autodidaktisch oder nur mit der Hilfe von Büchern zu guten Ergebnissen. Bücher sollten dazu dienen, sich mehr Wissen anzueignen, Zusammenhänge zu verstehen bzw. nachzulesen oder auch die Beobachtungsgabe und das freie Nachdenken über die Dinge zu fördern. Sie können auf keinen Fall guten praktischen Unterricht ersetzen. Es ist wichtig, dass jemand mit Erfahrung die Entscheidungen über das Geschehen trifft, weil man die Arbeit an der Hand genauso wenig wie das Reiten nach einem »Kochrezept« ausführen kann. Jedes Mensch-Pferd-Paar ist anders und hat andere Stärken und Schwächen – und die gilt es von Seiten des Ausbilders zu berücksichtigen. Die Entscheidungen was, wann, wie oder wo wichtig für das Pferd oder den Menschen ist, sollten durch einen erfahrenen Ausbilder angepasst und bestimmt werden. Anderenfalls können die besten Übungen und Absichten auch zu schlechten Ergebnissen führen und sogar schädlich wirken und nicht mehr unter »equizentrierter« Prämisse stattfinden!

Abwechslungsreiche Abläufe

Hat man mit dem Pferd die Seitengänge erarbeitet, ist es lernphysiologisch sinnvoll, viel Abwechslung in die Arbeit zu bringen. Besonders zu Beginn der Trainingseinheit führt Abwechslung zu besserer Aktivierung des Hirns, weil viele verschiedene Bereiche im Gehirn angesprochen werden. Es ist demnach wichtig, nicht zu lange in einer Übung zu bleiben. Rufen Sie kurze Reprisen ab und machen Sie zwischendurch Pausen. Viele Handwechsel, Wechsel von Stellung und Biegung und regelmäßiges Rückwärtsrichten halten das Pferd aufmerksam. In einem fortgeschrittenen Stadium der Arbeit an der Hand bzw. im Laufe der Trainingseinheit mit dem fortgeschrittenen Pferd sind Übergänge zwischen Halt, Schritt und Trab in allen Seitengängen eine günstige Erweiterung des Programms. Das Gelingen dieser Übergänge ist der Prüfstein für das Niveau der Arbeit.

Abwechslung in der Arbeit hält das Pferd aufmerksam und damit »an den Hilfen«.

Abwechslungsreiche Arbeit führt erfahrungsgemäß nicht nur auf der Lern-Ebene, sondern auch bei der körperlichen Entwicklung des Pferdes schneller zu einem sehr guten Ergebnis, als ein zu langes Verweilen in Einzelübungen. Jedoch erfordert diese Vorgehensweise vom Mensch bereits eine gehörige Portion Übung und ein gutes Gefühl für das Pferd.

Die Übungseinheiten sollten unbedingt an das Temperament des Pferdes angepasst werden: Schnelle Wechsel wecken auf und kontinuierliches Beibehalten einer Übung oder eines Tempos hat beruhigende Wirkung! Deshalb sollte man ein träges Pferd sehr kurz und mit vielen Wechseln arbeiten und ein zur Aufregung neigendes durch Gleichmaß beruhigen. Im Verlauf des Fortschritts verringern sich diese Extreme und die Arbeit kann »normaler« gestaltet werden.

Erarbeiten der Versammlung im Schritt

Nachdem die lektionsmäßigen Seitengänge gut erarbeitet wurden, kann das Pferd auch geradeaus zu einer höheren Aufrichtung gebracht werden. Man versammelt es im Schritt, indem man die Schultern stärker befreit. Daraus kann sich langfristig der »Schulschritt« oder auch der »gezählte« Schritt entwickeln lassen, bei dem das Pferd Fuß für Fuß erhaben aufsetzt und sich immer besser auszubalancieren lernt. Das Pferd kann mit dem langsamen Setzen jedes einzelnen Beines immer wieder neu den Halsansatz, die Schultern und den Widerrist anheben, den Rücken benutzen sowie die Hanken beugen. Arbei-

Der Zeitfaktor – Geduld und kleine Schritte

Die Arbeit an der Hand ist – ähnlich der Reiterei – etwas, was man mit viel Geduld üben sollte. Es gilt: Der Weg ist das Ziel. Kleine Fortschritte können zufrieden und glücklich machen, wenn das Pferd auf einmal leicht und mühelos auf die Gedanken des Menschen reagiert. Extrem schnelle Ergebnisse sollten misstrauisch in Bezug auf die Qualität oder die korrekte Basis des Erreichten stimmen.

Der Mensch benötigt, ebenso wie das Pferd, genügend Zeit, um Dinge wirklich zu erlernen und zu verstehen. Insbesondere die körperliche Entwicklung ist auf Geduld angewiesen; jeder Sportler weiß, wie lange es dauert, Kraft, Koordination und Ausdauer zu trainieren. (Am Rande bemerkt: Jeder Mensch, der mit Pferden arbeitet, sollte selbst Sportler sein, um am eigenen Körper zu verstehen, was er seinem Pferd – am Boden und unter dem Sattel – abverlangt.) Und wenn es gar zu körperlichen Problemen gekommen ist, braucht es noch länger, bis sich die Strukturen und die Bewegungsabläufe normalisiert haben.

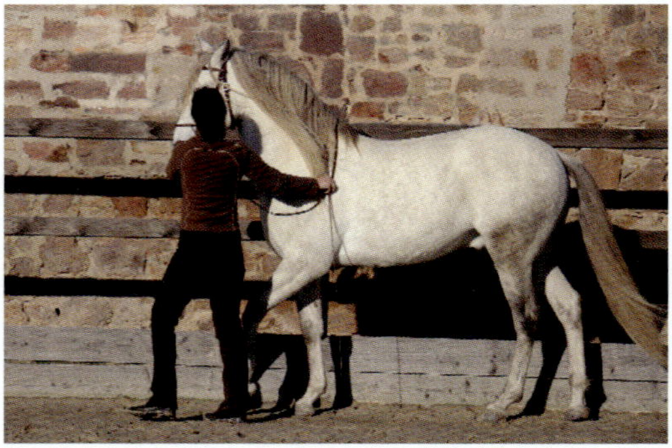

Verkürzte und erhabene Schritte im Schulschritt. Die Vorderbeine befinden sich mit Sonja Weber im Gleichschritt.

ten Sie langsam, gefühlvoll und ruhig. Da das Pferd zu Beginn der versammelnden Arbeit meist schwankt oder schief wird, hilft es, die Bande als stabilisierendes Element zu nutzen, um das Pferd gerade zu halten.

Die Arbeit an der Hand im Trab und Galopp

Hat man nun die Tempokontrolle, die Schulterkontrolle, die Basis-Seitengänge und die Lektions-Seitengänge im Schritt erarbeitet, kann man beginnen, all diese Übungen auch im Trab auszuführen. Beim Übertreten oder Schenkelweichen bedeutet das allerdings, dass man die Abstellung etwas verringern muss.
Um Lektions-Seitengänge auch im Trab auszuführen, ist es sinnvoll, sich erst einmal im Trab neben dem Pferd geradeaus auf verschiedenen Linien zu bewegen, damit man selber ein Gefühl für das Tempo des Pferdes bekommt. Bei gut eingespielten Mensch-Pferd-Paaren kann man besonders im Trab eine automatische Entstehung von Gleichschritt beobachten

Man kann aus diesem reinen »Vorwärts« das Pferd ins »Vorwärts-Seitwärts« führen. Achten Sie immer darauf, das Pferd nicht aus dem Takt und dem Gleichmaß zu bringen. Verliert das Pferd den Trab, lassen Sie es geradeaus gehen, erneut antraben und fordern dann wieder Vorwärts-Seitwärts. Wenn es Schwierigkeiten mit der Abstellung hat, kann man auch aus dem Seitwärts im Schritt antraben lassen und beim Verlieren der Abstellung wieder direkt in dem Seitengang in den Schritt zurückkehren.
Sinnvolle Touchierpunkte für das Antraben können die Schenkellage sein oder die Lende, damit das Pferd durch das Mobilisieren der Lende und

Im Gleichschritt: Schulterherein im Trab.

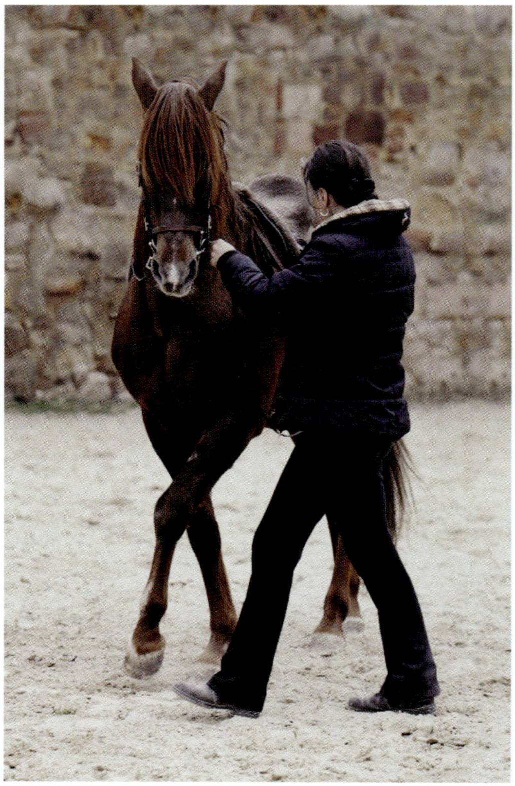

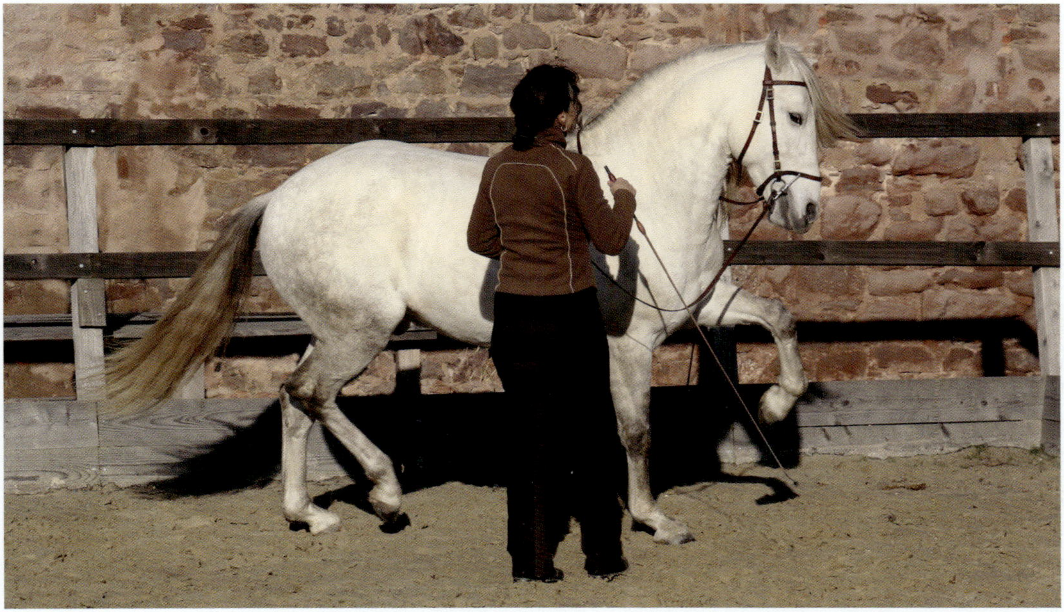

Der Schultrab auf der kleinen Volte: hier kann man Kadenz und Selbsthaltung von »Finito« gut erkennen. Die Zügelführung ist ganz locker. Das Vorderbein ist schon vermehrt angehoben und angewinkelt. Der Ausdruck des Gesichts zeigt Aufmerksamkeit bei genügend Ruhe und guter Aktivität.

das erzeugte Federn in den Gelenken der Hinterhand leichter in den Trab gelangt. Wichtig bei diesen Übergängen ist, dass das Pferd nicht den Schritt verändert (eiliger wird oder längere Schritte macht), sondern direkt aus dem »normalen« bzw. versammelten Schritt in den Trab gelangt. Auch im Trab können dann die Maul entspannenden Hilfen gegeben werden, falls sich das Pferd festmacht und »die Zähne zusammenbeißt«. Das Entspannen des Mauls erleichtert dem Pferd die Ausführung einer schwierigen Übung.

Arbeit auf kleinen Volten

Volten im Trab

Eine weitere Möglichkeit, das Pferd an der Hand im Trab zu arbeiten, ist die Arbeit auf den kleinen Volten. Man nannte das früher »gebogen gerade«. Das Pferd läuft dabei um den Menschen herum, der sich (ähnlich wie beim Longieren) auf der Stelle im Kreis dreht. Er hält die Zügel in einer Hand, so dass die Spannung am inneren und äußeren Zügel etwa gleich ist. Das Pferd wird dabei in einer leichten Außenstellung geführt, sodass die Vorhand gut vor der Hinterhand ausgerichtet ist. Es befindet sich in einer ganz leichten Renvers-Position.

Hat man das Pferd daran gewöhnt, im Schritt auf der Volte um den Menschen herumzugehen, kann man es mit Touchieren in der Lendengegend in den Trab treiben. Falls das Pferd Schwierigkeiten

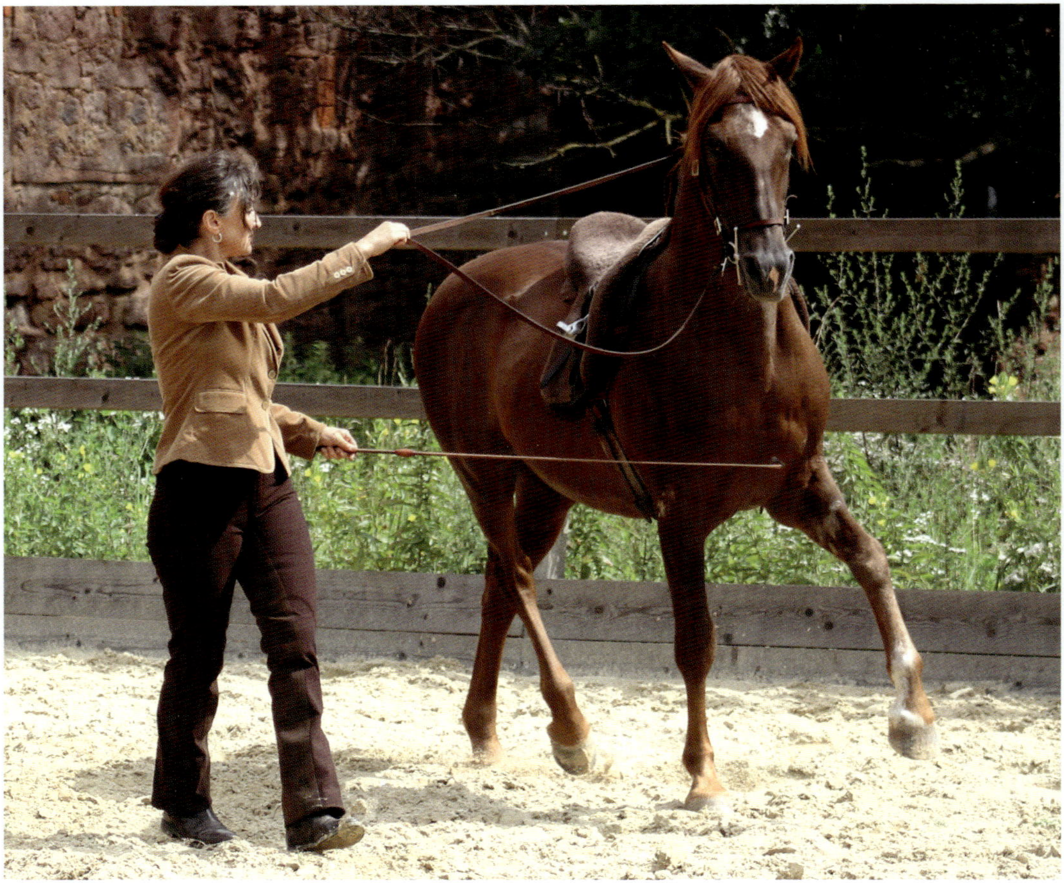

Arbeit auf der kleinen Volte im Trab. Hier zeigt »Marialva« einen Schultrab mit erhabenen Bewegungen. Die Gerte vor der Brust fördert die Kadenz, weil er gelernt hat, daraufhin das Bein zu strecken. Je nach Dosierung ließe sich bei ihm so auch der »Spanische Trab« auslösen, den er beherrscht. Hier ist der innere Zügel lose und das Pferd steht am äußeren Zügel.

hat, auf einem so engen Kreis zu traben, kann man sich zu Beginn selbst auf einem kleinen Kreis bewegen und dadurch den Bewegungsradius des Pferdes vergrößern. In dieser Arbeit geht es um das Koordinieren von Vor- und Hinterhand, also um einen schließenden Effekt, der den Rücken aktiviert. Durch die Schulter-Kontrolle in leichter Außenstellung und das Erzeugen einer funktionellen Aufrichtung wird die Versammlungsfähigkeit gefördert. Nimmt das Pferd keine aufgerichtete Haltung ein, kann man versuchen, mit der Gerte diese Haltung zu provozieren, indem man am Halsansatz oberhalb der Brust oder auch von oben auf den Mähnenkamm vorsichtig touchiert. Kommt das Pferd einem nach innen entgegen und drückt die innere Schulter in die Wendung hinein, wirkt man mit der Gerte Richtung Schulter ein.

Da das Pferd als Reaktion auf vibrierende Hilfen am Gebiss gelernt hat, den Hals etwas höher zu tragen, ist es auch möglich, die Aufrichtung über Vibrationen an den Zügeln zu erzeugen. All das verlangt viel Geschick und Gefühl, weil das Pferd in dieser Übung empfindlich in seinem Gleichgewicht gestört werden kann. Eine Unterstützung ist also zwingend notwendig.

Aus der Kreis-Position heraus kann man sich schließlich mit dem Pferd im Trab durch die Bahn bewegen, abwechselnd etwas geradeaus gehen und das Pferd dann immer wieder um sich herum traben lassen.
Am Rande bemerkt: Das verlangt auch vom Menschen ein wenig Kondition.

Volten im Galopp

Hat das Pferd im Trab die engen Volten gut gemeistert, kann man die Volte im Galopp versuchen. Es bietet sich an, eine bereits gut etablierte und gefestigte Stimmhilfe für das Angaloppieren zu verwenden. Lassen Sie das Pferd aus dem Schritt angaloppieren. Das bringt sehr viel mehr für die angestrebte Versammlung als ein Angaloppieren aus dem Trab. Für ein korrektes Angaloppieren aus dem Schritt muss das Pferd vorher gut im Schritt versammelt worden sein und eine aktive Grundhaltung mit »Vorwärts-Aufwärts-Energie« haben; es muss praktisch darauf warten, angaloppieren zu »dürfen«. Nach einiger Übung kann das Pferd auch aus dem Halten angaloppiert werden. Dazu sollte es schön versammelt angehalten haben und, bevor es auf die Schultern zurückgefallen ist, erneut angaloppieren.

Die leichte Außenstellung kann für Pferde, die bereits gewöhnt sind, mit dem Kopf nach innen anzugaloppieren, für diesen Moment aufgegeben werden. Hat das Pferd diese Erfahrung nicht gemacht, unterstützt man den Handgalopp durch die leichte Außenstellung, weil sie dem Ausgreifen des inneren Beinpaares mehr Platz lässt. Insbesondere die innere Schulter wird frei in der leichten Außenstellung. Eine zu starke Außenstellung kann jedoch dazu führen, dass das Pferd die Schulter in die Wendung hereindrückt. Andererseits kann ein zu weit nach innen und zu tief eingestellter Hals die innere Schulter nach unten bringen und blockieren,
Auch in den ersten Galopp-Übungen wird es oft notwendig sein, ein wenig mit dem Pferd mitzulaufen und es noch nicht auf einen so engen Kreis zu zwingen. Zu Beginn ist man zufrieden, wenn das Pferd überhaupt einmal in den Galopp gekommen ist, lobt, pariert es sofort wieder durch, macht eine Pause und setzt von neuem an – oder wechselt auf die andere Hand.
Im Laufe der Zeit entwickeln auch Pferde, die Schwierigkeiten mit dem Galoppieren haben oder sehr großrahmig sind, die Fähigkeit, wirklich gesetzt zu galoppieren. Die Situation ohne das Reitergewicht auf dem Rücken erleichtert die Versammlung enorm.

Achten Sie auf die Qualität des Galopps. Kriterien für den guten Galopp sind immer: Taktreinheit, Aufwärtstendenz der Bewegung, Leichtheit mit freien Schultern und gewinkelten Hanken und einem gut baskulierenden Rücken (je nach Phase des Galoppsprungs wölbt sich der Rücken dabei

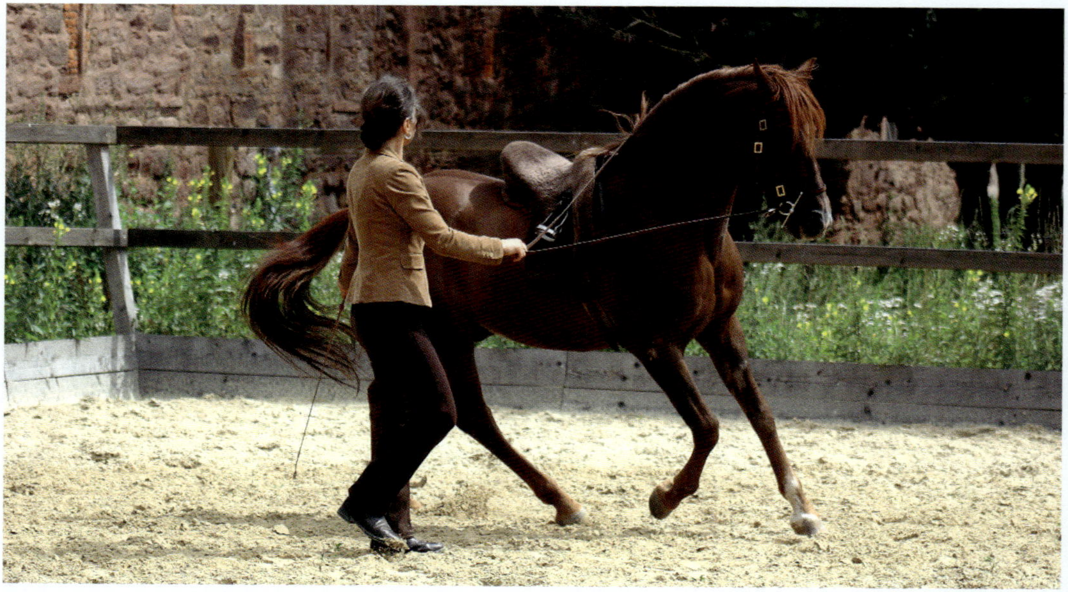

Arbeit auf der kleinen Volte im Galopp. Der Galopp auf einer so kleinen Volte verlangt sehr viel Versammlung vom Pferd. Diese wird durch die leichte Außenstellung erleichtert. Sein inneres Hinterbein fußt direkt unter seinen Schwerpunkt. »Marialva« ist auf diesen Bildern bereits 24 Jahre alt und durch diese Arbeit fit!

schön auf und ab). Angestrengtes, hölzernes »In-den-Boden-Laufen« und Taktverlust mit laufenden anstatt springenden Hinterbeinen zeigen, dass das Pferd noch nicht ausbalanciert ist und noch nicht genug Kraft in der Hinterhand hat. Bei Pferden mit von Natur aus gutem Galopp, macht es Sinn, ihn früh in die Arbeit mit einzubeziehen. Bei anderen ist man besser beraten, erst Schritt und Trab weit versammelnd zu fördern. Der Galopp profitiert dann indirekt von der Arbeit. Viele Friesen haben beispielsweise große Schwierigkeiten mit dem Galopp und schaffen es erst nach ausführlicher Arbeit in den Seitengängen und an der Piaffe, den Galopp auch auf engerem Raum auszuführen.

Die Bearbeitung der »Natürlichen Schiefe«

(links-rechts Gleichgewichtsverbesserung)

Die **Natürliche Schiefe** wird während des gesamten zuvor beschriebenen Prozesses in annähernd allen Übungen berücksichtigt, indem alle Übungen kompensatorisch an die hohle oder steife Seite angepasst werden.
Hierzu einige grundsätzliche Punkte: Der Pferdehals ist beim Ausbalancieren des Pferdes in alle Richtungen beteiligt. Wie an anderer Stelle bereits beschrieben, nehmen wir gezielt durch das Anweisen unterschiedlicher Halshöhen Einfluss auf die Balance in Richtung vorne-hinten. Hebt das Pferd den Hals an, verlagert es das Gewicht vermehrt nach hinten. Senkt und streckt es den

Hals nach vorne, verschiebt es mehr Gewicht auf die Schultern. Nun gilt dies auch für die seitliche Richtung, nur in umgekehrter Form. Da wo das Pferd den Hals hin positioniert, wird die Schulter entlastet. Nimmt das Pferd den Hals vermehrt nach links, wird die rechte Schulter des Pferdes stärker belastet und umgekehrt. So spielt die Position des Halses eine wichtige Rolle beim Ausgleichen der Natürlichen Schiefe. Im Idealfall wird die gesamte Arbeit an der Hand so gestaltet, dass wir die Schiefe immer mit bearbeiten. Für diesen Ausgleich ist es wichtig, die Schiefe und einseitige Überlastung überhaupt erkennen zu können (die Blickschulung ist allerdings ein langer Lernprozess). Um zu verstehen, wie das aussehen kann, folgen hier einige Beispiele, wie Übungen schiefenkompensatorisch gestaltet werden können.

Beispiel 1 in der Wendung: Das **links hohle Pferd** wird in der Linkswendung gerade gehalten (oder sogar ein wenig nach außen/rechts gestellt). Die Wendung wird enger gestaltet, damit das Pferd gut von der überlasteten äußeren/rechten Schulter weggeholt wird. Die Schulterbewegung nach links wird verstärkt und die Schultern werden vermehrt vor das linke Hinterbein geführt, welches gern innen neben den Schwerpunkt tritt. In der Rechtswendung dagegen wird das Pferd vermehrt nach innen gestellt und gebogen und in einem größeren Bogen davon abgehalten, auf die innere/rechte Schulter zu fallen.

Man kann prinzipiell sagen: Das Pferd wird vermehrt in die Richtung gestellt, nach der die Schulter ausweicht: Auf der linken Hand nach rechts (= außen) und auf der rechten Hand auch nach rechts (= innen). Das Pferd wird von seiner eigenen Tendenz, sich zu positionieren, eher abgehalten und die Position, die es selbst anstrebt, wird wenig eingenommen.

Beispiel 2 im Schulterherein: Das **links hohle Pferd** wird im Schulterherein links mit wenig Biegung und viel Abstellung geführt, was die Drift auf die rechte Schulter einschränkt und die Kruppe gut mit nach rechts bringt, die sonst gern links bleiben würde. Im Schulterherein rechts wird das Pferd deutlich nach rechts gebogen und mit weniger Abstellung daran gehindert, die Kruppe wieder vermehrt nach links zu nehmen. Damit dehnt man gleichzeitig die verkürzte/hohle linke Seite.

Beispiel 3 im Geradeaus und Rückwärts: Das **links hohle Pferd** wird eine natürliche Neigung haben, eine leichte Traversbewegung links anzubieten und dadurch nicht wirklich gerade zu gehen. Um die Schiefe zu kompensieren, wird das Pferd nicht nur gerade gemacht, sondern sogar in ein leichtes Travers rechts gebracht, um der Schiefe entgegenzuwirken und die entsprechenden Strukturen zu stärken bzw. zu dehnen. Die hohle Seite ist meist die kräftige, stabile und verkürzte und muss gedehnt werden. Während auf der steifen also der Außenseite das Pferd überdehnt und instabil ist und deshalb eher Kräftigung braucht.

Beim Rückwärtsrichten kann das links hohle Pferd leicht im Travers rechts gehalten werden oder vermehrt auf Rechtsvolten zurückgerichtet werden.

Kompensation der natürlichen Schiefe

Das links hohle Pferd wird geradeaus und rückwärts in ein leichtes Travers rechts auf der rechten Hand bzw. in ein leichtes Renvers auf der linken Hand gebracht (sowohl vorwärts wie rückwärts).

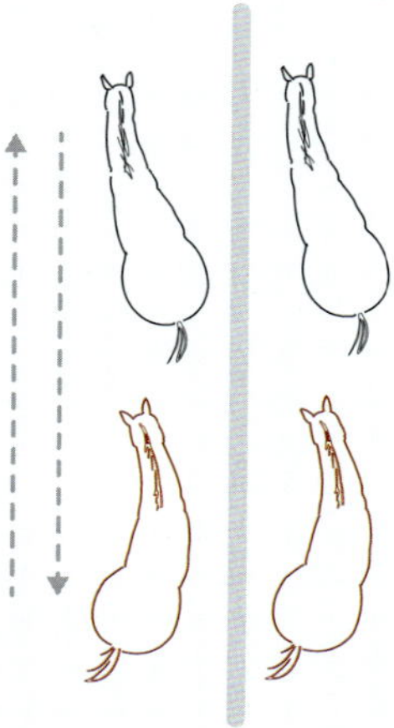

Das links hohle Pferd kann in Rechtsvolten rückwärtsgerichtet werden, um das ausweichende rechte Hinterbein zum Lastaufnehmen zu animieren.

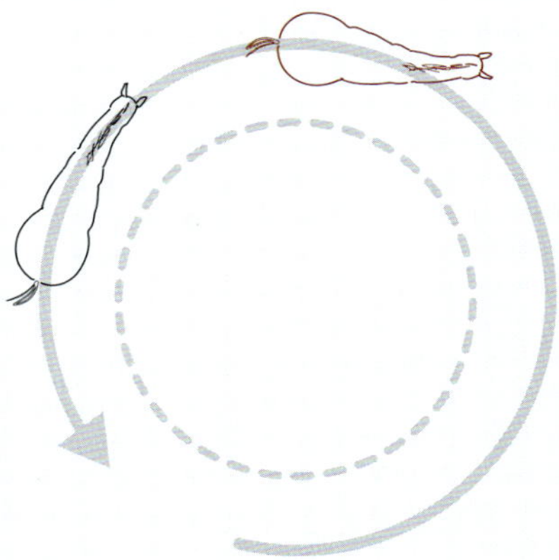

Das links hohle Pferd wird im Schulterherein rechts mit viel Biegung und wenig Abstellung gearbeitet. (Die graue Linie stellt die Bande dar.)

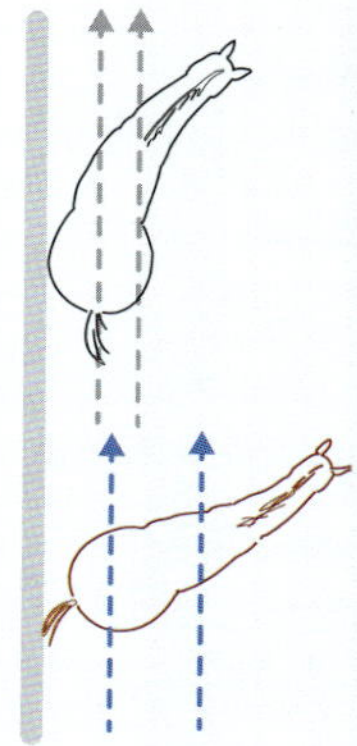

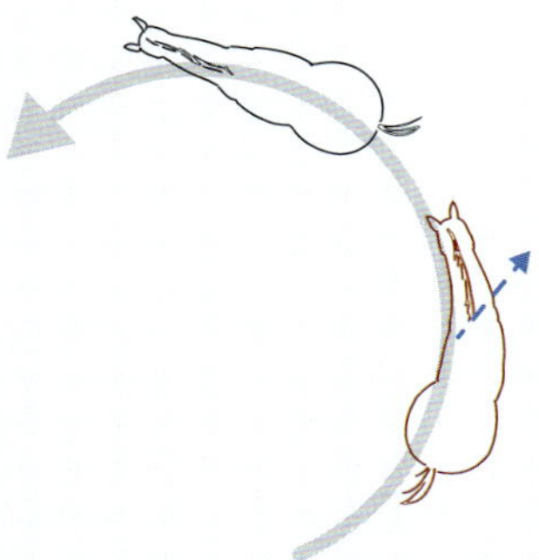

Das links hohle Pferd wird in einer kleinen/engen Linksvolte gerade gehalten oder leicht nach außen gestellt.

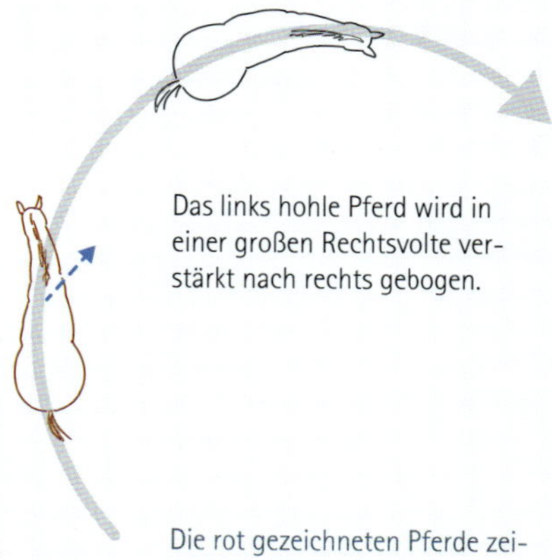

Das links hohle Pferd wird in einer großen Rechtsvolte verstärkt nach rechts gebogen.

Die rot gezeichneten Pferde zeigen jeweils die natürliche Neigung des links hohlen Pferdes an, sich zu bewegen. Die blauen Pfeile zeigen die »Ausweichtendenz«. Die schwarzen Pferde zeigen die Korrekturstellung.

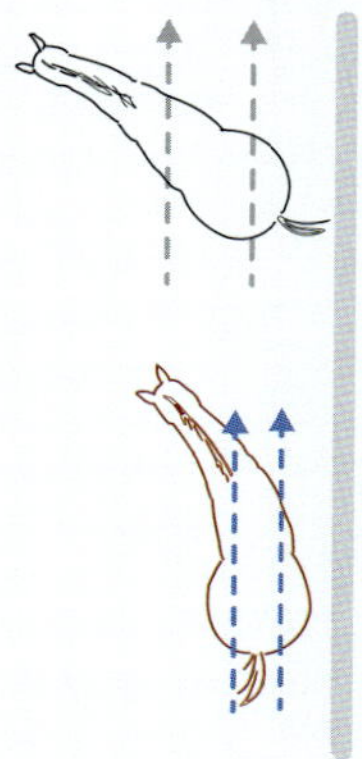

Das links hohle Pferd wird im Schulterherein links mit wenig Biegung und viel Abstellung gearbeitet.

Übungen zur Entwicklung der Versammlung

(vorne/hinten Gleichgewichts-verbesserung)

Übergänge

Ist das Pferd nun durch die Arbeit im Trab und Galopp an der Hand geschmeidiger und kräftiger geworden, geht man zur direkten Versammlungsarbeit über. Ein effektives Mittel dafür ist das Erarbeiten der Übergänge. In den Übergängen muss das Pferd seine Balance ständig verändern. Deswegen fallen sie den meisten Pferden recht schwer. (Auch unter dem Reiter sieht man selten wirklich weiche Übergänge, bei denen das Pferd von einer Gangart in die andere oder von einem Tempo in ein anderes praktisch »hineingleiten« soll.) Gelingen solche geschmeidigen, flüssigen Übergänge, ohne dass das Pferd stockt oder auf die Schulter fällt, kann es sich schon gut ausbalancieren.

Wie immer beginnen wir schrittweise, indem wir erst die Übergänge, die für das Pferd einfach sind, ausführen: vom Halten zum Schritt und vom Schritt zum Trab und wieder zurück: Trab-Schritt und Schritt-Halt. Wir steigern uns dann zu Übergängen vom Halten in den Trab und vom Trab direkt ins Halten und dann ins Rückwärts, solange bis es weder Stockungen noch Stillstand zwischen den Gangarten gibt. Es gilt folgende Faustregel, sofern das Pferd gesund ist: Beschleunigungen sind immer direkt möglich und können dem Pferd abverlangt werden. Bei einer guten Rückführung des Tempos sieht es ganz anders aus: Soll das Pferd hierbei nicht auf der Vorhand stoppen gilt, dass es die Gangart, die es vor dem Übergang geht, so langsam und versammelt ausführen kann, wie das Tempo der Gangart, in die es wechseln soll. Ein Beispiel: Das Pferd sollte für einen Galopp-Schritt-Übergang den Galopp schon so gesetzt ausführen können, das es etwa dem Schritttempo entspricht. Das begünstigt die Qualität des Übergangs enorm und ermöglicht eine versammelte Art zu bremsen.

Anpiaffieren

Für das Anpiaffieren muss das Pferd schon sehr gut an den Hilfen stehen. Seitliche Kontrolle sowie Tempo- und Haltungskontrolle sind nötig, damit die Übung den erwünschten gymnastizierenden und kräftigenden Effekt hat. Wenn Beurteilung, Gefühl und Erfahrung fehlen, kann damit viel Unheil angerichtet werden. Vorarbeiten wie die korrekten, gut an den Hilfen ausgeführten Seitengänge sowie geschmeidige Balance-Verschiebungen in den Übergängen müssen der Arbeit an der Piaffe vorausgehen. Andernfalls ist das Pferd der Piaffe noch nicht gewachsen und gerät durch die Einführung dieser hinter die Hilfen, entzieht sich also der Kontrolle.

Beim Anpiaffieren geht es nicht vorrangig um die Dressur-Lektion Piaffe als Ergebnis, als Gradmesser guter Ausbildung. Es geht vielmehr um die Piaffe als gymnastizierende, kräftigende und Balance fördernde Übung. Sie ist Mittel zum Zweck – nämlich das Pferd besser auszubalancieren – und wird erst nach und nach zur Lektion und damit auch zu einer Überprüfung des Fortschritts in der Ausbildung insgesamt.

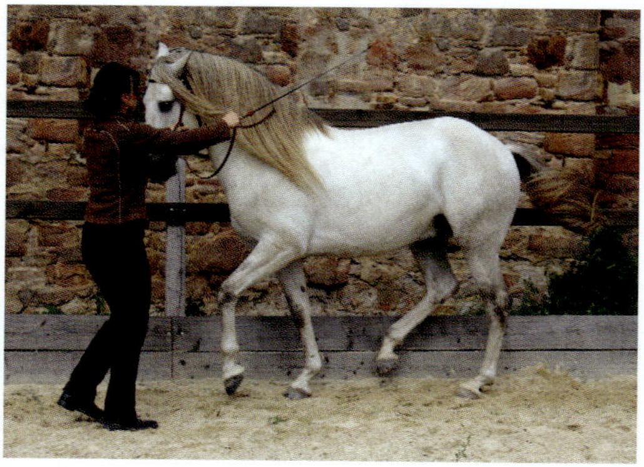

Die Übergänge Rückwärts-Trab müssen fließend gelingen. Dann ist das Pferd reif fürs Anpiaffieren.

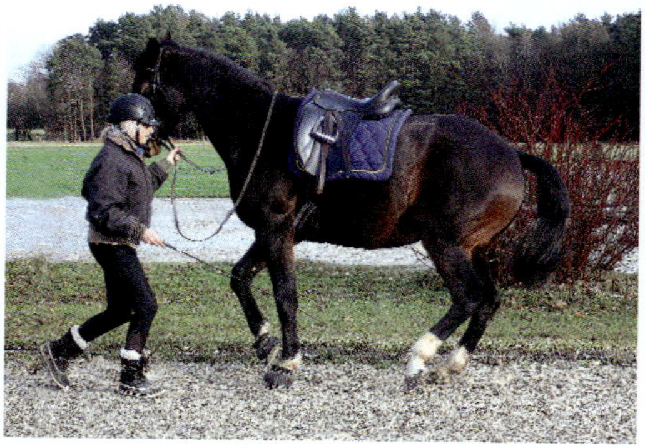

»Calvados« zeigt bei den Übergängen Rückwärts-Trab schon piaffeähnliche Bewegungen.

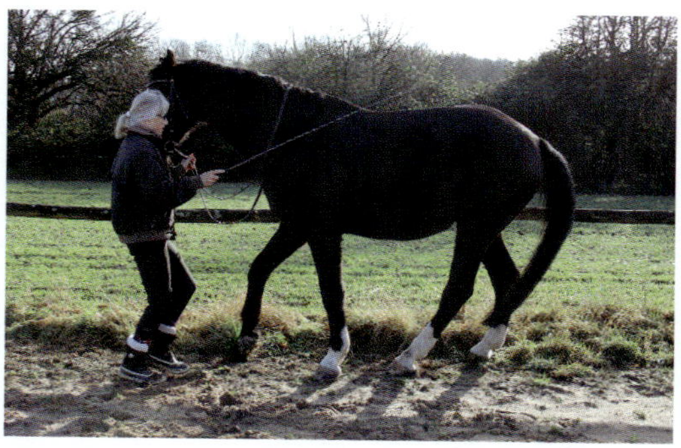

Springpferd »Lausbub«, 18-jährig, hat große Probleme, die Hanken zu winkeln und hinten Last aufzunehmen. Er wurde lange mit Kraft, hoher Kruppe und tiefer Schulter geritten. Durch die Rückwärts-Trab-Übergänge lernt er mit der Zeit, die Schulter oben zu lassen, den Rücken aufzuwölben und die Gelenke zu beugen.

Gelingen die **Übergänge zwischen Rückwärts und Trab** in beide Richtungen fließend, ist das Pferd bereit für das **Anpiaffieren**. Genau diese Übergänge dienen auch dazu, das Pferd in die Piaffe zu bringen. Dazu stimmt man es schnell auf »Vorwärts« und »Rückwärts« ab und lässt es in dem Moment, in dem es aus dem Rückwärts erneut antraben möchte, nicht gleich in den Trab nach vorne heraus, sondern belässt die Aktivität auf der Stelle. Dazu bleibt man selber ein wenig auf der Stelle, bevor man dann erneut in den Trab übergeht.

Eine weitere Möglichkeit, das Pferd an die Piaffe heranzuführen, besteht darin, es im Stehen zum Abfußen und zu einer Rückenbewegung aufzufordern. Dabei wird das Pferd in der Lenden- oder auch Kruppengegend touchiert. Hebt es den Rumpf an und deutet eine diagonale Bewegung durch den Rumpf an, hat man bereits den ersten Schritt erreicht.

Falls das Pferd in alle möglichen Richtungen – rückwärts oder seitwärts – ausweicht oder sehr nervös wird, bringt man es wieder vorsichtig nach vorne, stoppt es und lässt es ruhig stehen, bis es seine innere und äußere Balance wieder gefunden hat. Um ein ständiges seitliches oder Rückwärts-Ausweichen zu verhindern, kann man das Pferd auch in einer leichten Schultervor-Position oder einer leichten Renvers-Position ganz langsam Schritt gehen lassen und dabei die Touchierpunkte berühren, um es zu mobilisieren.

Zudem kann man die Piaffe entwickeln, indem man das Pferd dazu bringt, im Stehen mit den Hinterbeinen abzufußen. Dazu touchiert man die Hinterbeine und bringt das Pferd dazu, sie einzeln anzuheben. Dies kann später während der Schrittbewegung probiert werden, in dem man das Pferd, während es versammelt Schritt geht, zum Abfußen auffordert, so dass es mit einer etwas stärkeren Winkelung in den Gelenken von einem auf das andere Hinterbein »springt«. Da es aber nicht nur um das Anheben der Beine geht, sondern vorrangig um die Rumpf-Bewegung, sollte dieser Schritt erst später der Bewegungsgestaltung dienen.

Bei dieser Arbeit ist es extrem wichtig, geduldig und gefühlvoll vorzugehen, um das Pferd nicht nervös zu machen, zu verspannen und zu verunsichern. Fordert man zu viel auf einmal, gerät man leicht in ein Chaos oder arbeitet gegeneinander. Wichtig ist, schon kleine Ansätze des Pferdes zu erkennen und mit Pausen zu belohnen. Geben Sie sich zu Anfang mit sehr wenig zufrieden, lassen das Pferd immer wieder zur Ruhe kommen und stillstehen; Handwechsel und das Einschieben beruhigender und lösender Übungen sind notwendig, wenn das Pferd sich aufgeregt hat.

Anpiaffieren auf Kappzaum mit dem 5-jährigen »Finito«.

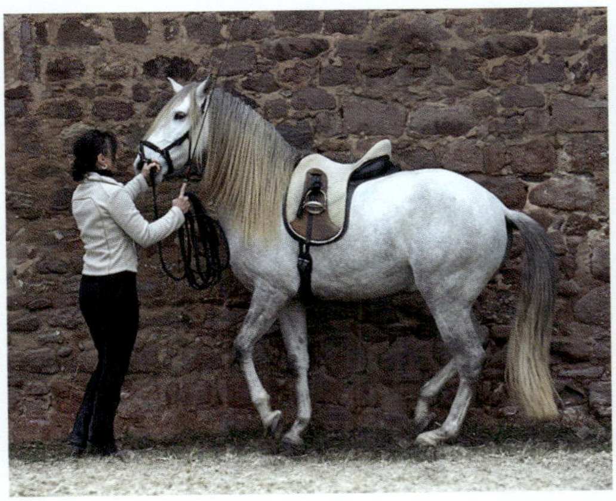

Das Anpiaffieren dient dazu, das Pferd auf der Stelle zu mobilisieren; das Pferd entwickelt mehr Kraft, rundet den Rücken, kippt das Becken und beugt die Hanken in den Piaffe-Tritten. Alles probate Mittel, um seine Eigenschaft als Reitpferd zu verbessern. Die Qualität der Piaffe gibt Aufschluss über den Gymnastizierungs-Zustand, in dem sich

Da »Finito« rechts hohl ist, wird er zeitweise in einer Flexion nach links piaffiert, um die Schiefe zu bearbeiten.

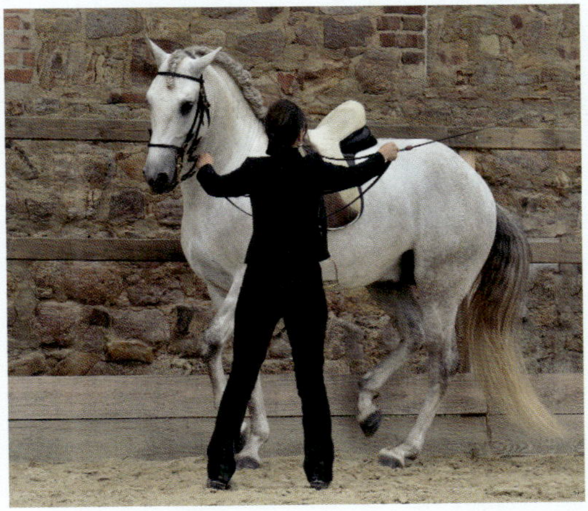

Verbesserte Piaffe mit mehr Ausdruck und Hankenbeugung. Hierfür braucht das Pferd sehr viel Kraft. Seine Versammlungsfähigkeit hat sich insgesamt erhöht.

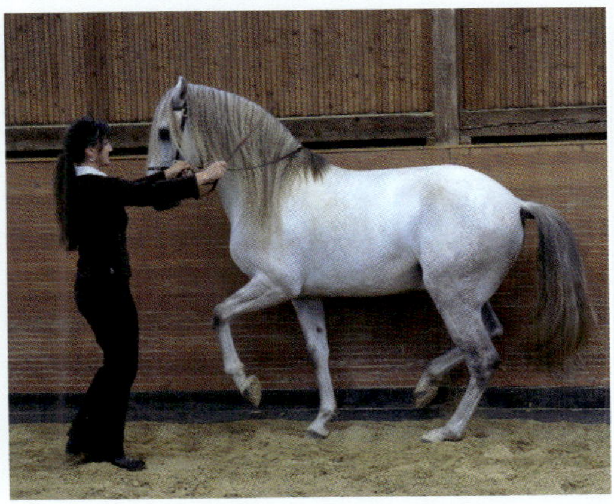

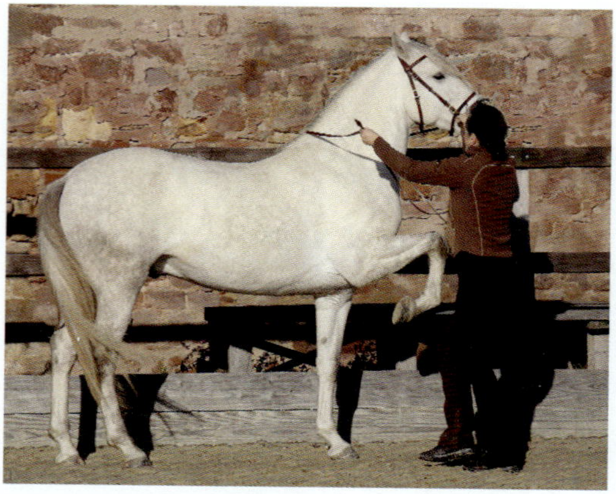

Spanischer Schritt: Zuerst sollte das Pferd die Schulter heben.

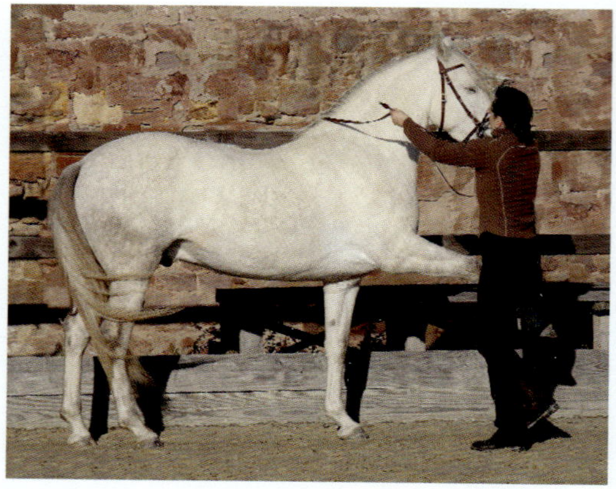

Aus der angehobenen Schulter sollte das Bein dann nach vorne gestreckt werden.

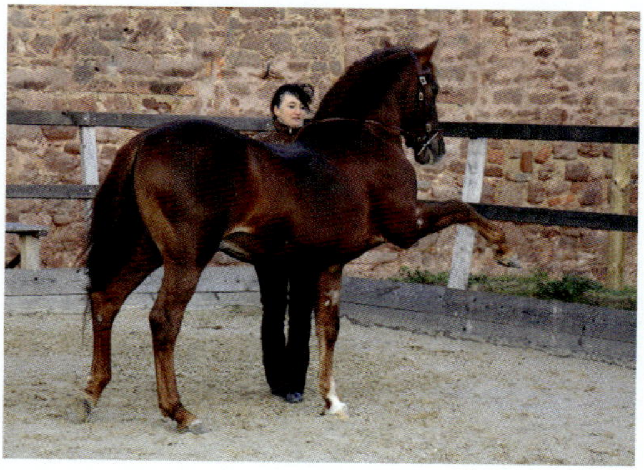

»Marialva« mit 24 Jahren im flüssigen Spanischen Schritt mit großer Schulterfreiheit. Er kann die Schulter sehr weit heben.

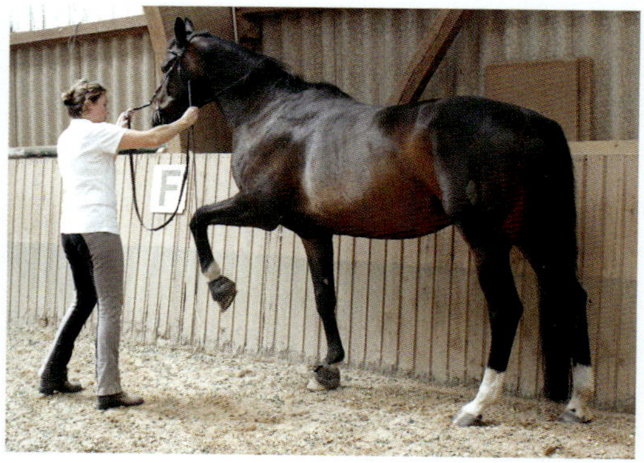

»Calvados« lernt, die Schulter zu heben: Der Kopf des Pferdes muss oben bleiben, damit die Schulter frei rotieren kann.

das Pferd befindet. Sie ist aber auch von Veranlagung und Talent abhängig. Nicht jedes Pferd wird eine gleich schöne und gleich ausdrucksvolle Piaffe entwickeln aber jedes Pferd kann sie erlernen und von ihr profitieren.

Der Spanische Schritt – Gymnastik für die Schultern

Um das Pferd mit dem Spanischen Schritt vertraut zu machen, erarbeitet man zu Beginn, dass es die Schulter hebt und anschließend das Bein nach vorne streckt. Dies geschieht wieder durch Touchieren mit der Gerte. Den richtigen Touchierpunkt am Vorderbein oder an der Schulter, an dem das Pferd durch Heben von Schulter und Bein reagiert, muss man durch Ausprobieren herausfinden.

Damit das Pferd in der Lage ist, bei der Übung die Balance zu halten und wirklich die

Schulter anzuheben, ist es wichtig dass dieses Beinstrecken erst eingeführt wird, nachdem die Piaffe begonnen wurde. Das Pferd sollte bereits vermehrt Last hinten aufnehmen können und gut an den Hilfen stehen, damit der Bewegungsablauf des Spanischen Schritts korrekt entwickelt werden kann. Die Schultergymnastik durch das Anheben steht von Beginn an im Mittelpunkt. Und die Schulter ist nur frei genug, wenn das Pferd seinen Schwerpunkt nach hinten verschieben kann.

Leider erlebt man in der Praxis oft, dass viel zu früh mit dem Beinstrecken begonnen wurde. Die Pferde haben keinerlei Grundlage, sind nicht regulierbar, können nicht geschlossen stehen, können die Last hinten nicht aufnehmen, sind nicht durchgymnastiziert im Schultergürtel durch die Seitengänge und sollen den Spanischen Schritt lernen. Das führt meist dazu, dass die Pferde nicht genügend die Schultern heben, sondern nur aus dem Unterarm das Bein herausstrecken.

Einen schlecht angewöhnten Bewegungsablauf zu verändern ist deutlich schwieriger, als ihn von Beginn an akribisch in kleinsten Schritten korrekt aufzubauen. Auch wenn dies mühsam und langwierig erscheint, gelangt man sicher – und im Endeffekt sogar schneller – zu einem Ergebnis, welches für das Pferd positive gymnastizierende Wirkung hat.

Hat das Pferd verstanden, dass es die Schulter anheben und das Vorderbein nach vorne strecken soll, bringt man es in dem Moment dazu, einen Schritt nach vorne zu machen, in dem das Vorderbein gestreckt ist.

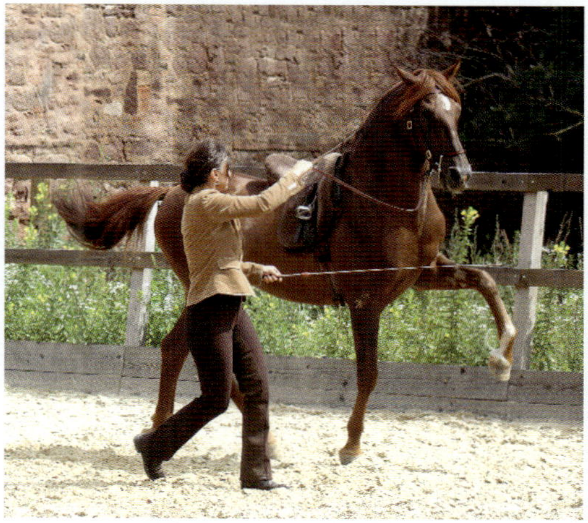

Der Spanische Trab steht ziemlich am Ende der Ausbildung (oben). Der Schultrab (unten) und später die Passage können mit Hilfe des Spanischen Schritts erarbeitet werden.

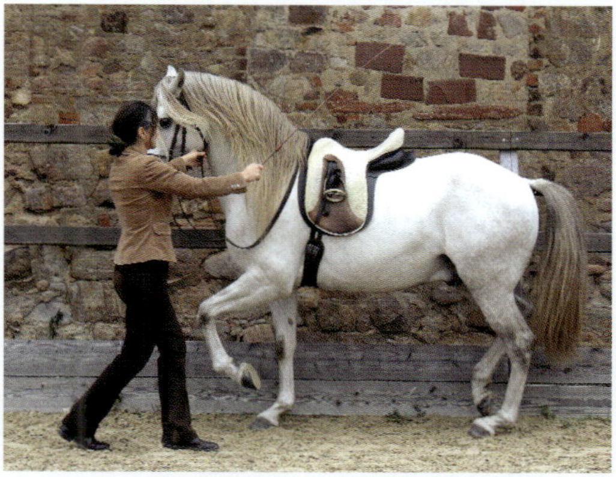

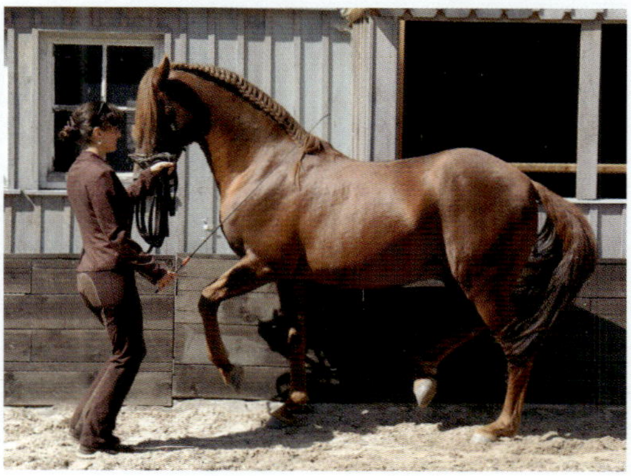

Interessant am Erarbeiten des Spanischen Schrittes ist auch, dass er aus didaktischer Sicht eine gewisse Herausforderung darstellt. Man kann ihn nicht über forcierten Druck erarbeiten.

Wenn das Pferd bereits »Vorwärts« plus »Bein heben und strecken« verstanden hat, muss man darauf achten, dass die Hinterhand gut mitkommt. Es bietet sich an, einige Piaffe-Tritte und das Beinstrecken häufig miteinander abzuwechseln. Auch das Rückwärtsrichten mit gut gewinkelten Hanken erzeugt eine ideale Ausgangshaltung, aus der das Pferd die Schulter genug freibekommt, um das Bein weit zu heben. Wieder sind viel Geduld und akribische Arbeit nötig, damit das Pferd wirklich nur auf die Hilfe das Bein streckt. Man lässt es erst mal nur das innere, dann nur das äußere Bein heben, später dann nur alle paar Schritte mal ein Bein usw. Sonst läuft man Gefahr, dass das Pferd die Übung nicht an den Hilfen ausführt.

Ein gelungener Spanischer Schritt wird langsam mit angehobenen Schultern, sehr erhaben und ausdrucksvoll ausgeführt. Dies kann nur gelingen, wenn die Hinterbeine gut mittreten. Ideal ist es, wenn der Mensch genau bestimmen kann, welches Bein gestreckt wird, und genauso bestimmen kann, wenn zwischendurch kein Bein gestreckt werden soll. Dazu ist die Erarbeitung der »Polka« interessant, bei der das Pferd links streckt, dann rechts und links normal geht, um dann wieder rechts zu strecken und so fort. Der Takt ist dann: Strecken, eins, zwo, strecken, eins, zwo usw.

Die meisten Pferde strecken die Beine gerne und bieten dies oft an, auch wenn man es nicht möchte. Natürlich sollte man das Pferd dafür nicht bestrafen. Jedoch sollte man erarbeiten, dass das Beinstrecken wirklich nur auf die Hilfe ausgeführt wird – und nur belohnen, wenn man das entsprechende Signal gegeben hat.

»Marialva«, 22-jährig, im Spanischen Trab (links) und »Finito«, 7-jährig, im Schultrab (rechts) unter dem Sattel.

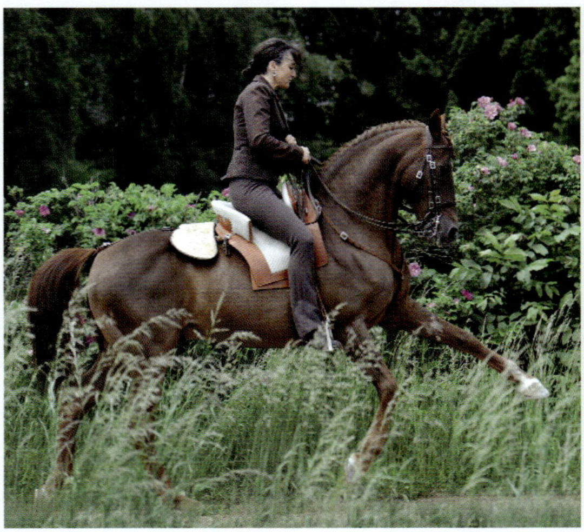

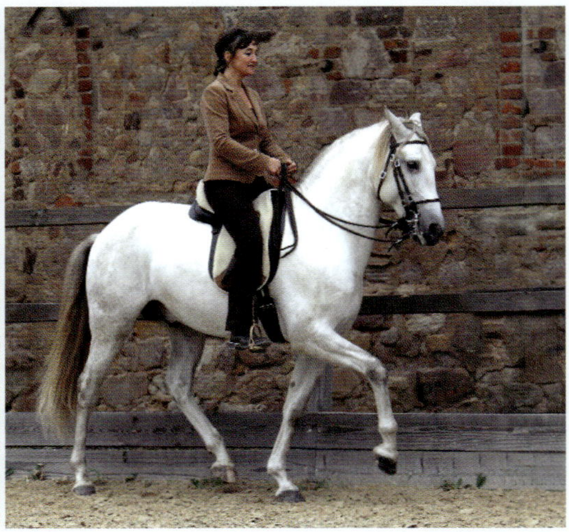

Das Beinstrecken ist auch die Grundlage, um das Pferd später im Trab stärker zu versammeln: im »Schultrab« oder sogar in einer Passage. Hier kommt der Begriff Kadenz ins Spiel. Der Trab wird kadenzierter d.h. langsamer, erhabener, ausdrucksvoller, runder. Die Schwebephase wird länger.
Die Ausbildung des Schultrabs erfordert sehr viel Erfahrung und Fingerspitzengefühl und sprengt den Rahmen dieses Buches.
Kadenz im Trab ist oft leichter aus dem Sattel heraus zu entwickeln – am besten mit der Unterstützung einer erfahrenen Hilfsperson von unten. Die Arbeit an der Hand dient dabei der Ergänzung zur Arbeit unter dem Sattel.

Wichtige Aspekte zum Abschluss

Abschließend möchten wir noch einmal die Aspekte des Pferdetrainings ansprechen, die eine wichtige Rolle spielen und nicht selbstverständlich zur in Deutschland verbreiteten Praxis gehören. Wir stellen diese absichtlich an den Schluss, weil wir hoffen, dass nach der Lektüre manche Zusammenhänge klarer geworden sind und die nachfolgenden vier Punkte mehr Zustimmung finden.

1. Die Mobilisierung des Pferdekörpers muss auf engem Raum stattfinden, um effektiv zu sein. Auch soll sie durchaus schon zu Beginn der Trainingseinheit erfolgen und nicht erst nach langem Schrittgehen auf der Vorhand. Dies wird von vielen Tierärzten als Gelenk belastend abgelehnt. Überlegen Sie sich jedoch einmal, dass auch Menschen bereits morgens im Bett funktionelle Gymnastik machen können, ohne vorher einen Spaziergang gemacht haben zu müssen.

2. Das Rückwärtsrichten wird ausführlich erarbeitet und auch in Wendungen ausgeführt, je nach Schiefe in gebogener Haltung oder sogar in leichten Seitengängen. Über gute Arbeit am Rückwärtsrichten sind viele Probleme an anderen Stellen lösbar. Nicht umsonst gibt es den Ausspruch: Die Qualität des Rückwärtsrichtens ist ein Gradmesser für die korrekte Gymnastizierung und das korrekte Geraderichten des Pferdes.

3. Durch »Position vor Aktion« wird die Feinmotorik ausgeprägt; dies beugt Verletzungen vor. Zum Vergleich: Jeder Sport beim Menschen, der Feinmotorik fördert, hat erst Langsamkeit und Haltung auf dem Programm. Langsamkeit führt zu Bewusstheit und Achtsamkeit, womit auch Sensitivität entsteht. Das gilt für Mensch und Pferd.

4. Jeder Kraftanstrengung geht die Entspannung voraus. Das Pferd wird zunächst im Stehen, dann im Schritt, dann im Trab und zuletzt im Galopp entspannt und mobilisiert. Lösen durch langes Abtraben oder Galoppieren hat Ermüdung zur Folge – und ein müdes Pferd kann nicht wirklich arbeiten, da die Energie fehlt. Beim Lösen durch Ermüden beginnt man am nächsten Tag nahezu am gleichen Punkt und erzielt wenig Fortschritt. Außerdem »macht man Kilometer« mit einem verspannten Pferd und festigt damit falsche Bewegungsabläufe. Wenn man löst, bevor Belastung ins Spiel kommt, werden die Strukturen geschont; dies verhindert Verschleiß. Blockaden werden ge-

löst, was zu verbesserter Durchblutung führt. Die Muskulatur kann sich optimal entwickeln. Bei guter Entspannungsarbeit ist gewährleistet, dass Agonisten und Antagonisten der Muskulatur wirklich abwechselnd arbeiten und nicht »gegeneinander verspannen«, was zu unnötigen und schädlichen Belastungen von Sehnen, Bändern und Gelenken führt – und letztendlich zu einem verspannten, festen Pferd.
Wir möchten betonen, dass ein hohes Leistungsniveau, was durch diese Art von versammelnder Ausbildungsarbeit erreicht wurde, der Gesundheit des Pferdes sehr zugute kommt. Der Charakter der Arbeit kann mit effektivem Yoga verglichen werden, welches Körper und Geist gleichermaßen positiv anspricht. So hat die Ausbildung einen stärkenden und sogar oft heilenden Effekt!

Danksagung (Kerstin Diacont)

Mein Dank gilt allen Menschen und Pferden, mit denen ich in den letzten Jahren arbeiten und damit meine Ideen von einer Pferden (und Menschen) zuträglichen Ausbildung vermitteln durfte. Im Gegenzug konnte ich von diesen oft neue Impulse für eine Verbesserung und Erweiterung meiner Ausbildungsarbeit mitnehmen. Gerade die so genannten schwierigen Pferde oder solche mit körperlichen Einschränkungen fordern immer wieder ein Überdenken der »gängigen« Ausbildungspraxis.
Insbesondere möchte ich mich bei Annette Müller bedanken, die den Kontakt zu Sonja Weber hergestellt und mir damit eine Erweiterung meiner bisher eher an Horsemanship orientierten Bodenarbeit beschert hat und die auch mit meinem »Calvados« im Buch zu sehen ist.
Da die Grundideen von Sonja und mir hinsichtlich einer gesund erhaltenden Ausbildung des Pferdes die gleichen sind, stellen wir sie in diesem kleinen Buch gemeinsam vor.
Des Weiteren möchte ich die Besitzer/Reiter der in diesem Buch mit mir abgebildeten Pferde nennen, die auch meist die Fotos von mir gemacht haben: Anne Schwab, Heidrun Süßmuth, Heidrun Alexander, Simone Braun, Yvonne Nickolai, Julia Hielscher und Martina Engelberg.

Danksagung (Sonja Weber)

Besonders danken möchte ich meinem geliebten Mann, Ingmar Maurer, der mir mit Rat und Tat zur Seite stand und besonders mit den Fotografien einen wichtigen Teil zu diesem Buch beigetragen hat. Außerdem bedanke ich mich bei meiner begabten Fotografin Sabine Grosser, die mir viele ihrer schönen Fotos zur Verfügung gestellt hat.
Auch Svenja Homann-Koch und Suse Capelle haben hier mit einigen ihrer tollen Bilder aus unseren Sessions einen Beitrag geleistet.
Sehr wertvoll war mir der Austausch mit Chris Mühl, Konstanze Kopta, Miriam Dorn, Phyllis Rudolf und Sinja Guth, die mir geholfen haben, die Inhalte für dieses Format handhabbar zu machen. Außerdem bedanke ich mich von Herzen bei meinen Lehrern, meinen Schülern, meinen Kollegen

und den Pferden, denn von allen durfte ich unendlich viel lernen.
Nicht zuletzt gilt mein Dank Kerstin Diacont, die mich mit ihrer Idee zu diesem Buch begeisterte und mir viel Vertrauen, Toleranz und eine besondere Kooperationsbereitschaft entgegenbrachte.

Falls dieses Buch bei ihnen Interesse an dem Thema »Versammlung« und damit die »Entwicklung der Tragfähigkeit« geweckt hat, wird das Buch von Sonja Weber »Versammlung – für gesunde Pferde und Reiten in Leichtigkeit« empfohlen. Die preisgekrönte Filmreihe »Versammlung für gesunde Pferde und Reiten in Leichtigkeit« ist die Verfilmung beider Bücher.
Sie finden sie auf der Webseite im Filmportal: www.sonja-weber-reitkunst.de

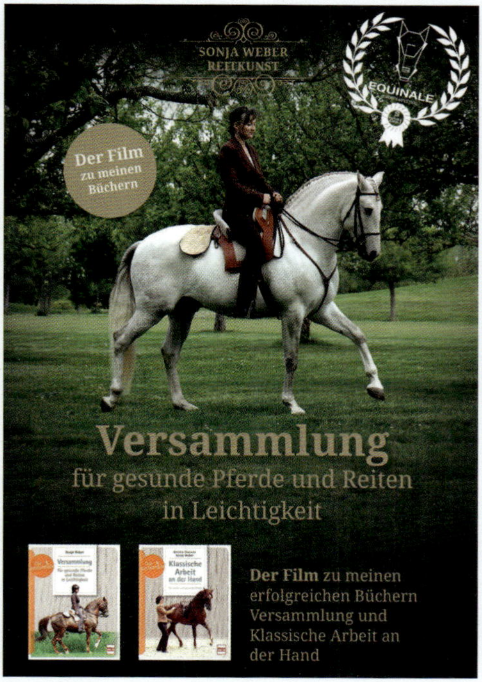

Literatur

Philippe Karl: »Irrwege der modernen Dressur«, Cadmos Verlag, 2006

Robert Stodulka: »Das Phänomen François Baucher«, Wu Wei Verlag, 2009

Herausgeber Christian Kristen von Stetten: »François Baucher – Das neue System vom Reiten und Ausbilden«, Cadmos Verlag, 2009 (nach dem Originaltext François Baucher von 1867)

Kerstin Diacont: »Reiten beginnt im Kopf. 200 Dinge, die jeder Reiter wissen sollte – in 30 Sekunden auf den Punkt gebracht«, Müller Rüschlikon Verlag, 4. Auflage 2025

Kerstin Diacont / Die Gangarten:
Müller Rüschlikon Verlag
»Richtig Schritt reiten«, 2021· »Den Trab richtig reiten«, 2022 · »Den Galopp richtig reiten«, 2023

Kerstin Diacont: »Der 7. Sinn des Reiters – 70 Übungen für gefühlvolles Reiten« Müller Rüschlikon Verlag, 2023

Kerstin Diacont, Dr. Sören D. Baumgärtner: »Beziehungskompass Reiter-Pferd-Coach – erfolgreich durch präzise Kommunikation« Müller Rüschlikon Verlag, 2025

Die Trainingsinhalte, die Sie in den Büchern und den Filmen finden, zeigen Prinzipien, um echte Veränderungen im Pferdekörper im Sinne der Tragfähigkeit zu erzielen. Ausbildung muss sich am Pferd »bewahrheiten«. Die Pferde müssen schöner, kräftiger und strahlender werden. Das bezieht sich sowohl auf ihren Körperbau und die Muskulatur als auch auf ihre Bewegungsweise. Auf der nächsten Seite finden Sie 2 Beispiele für eine gelungene Veränderung:

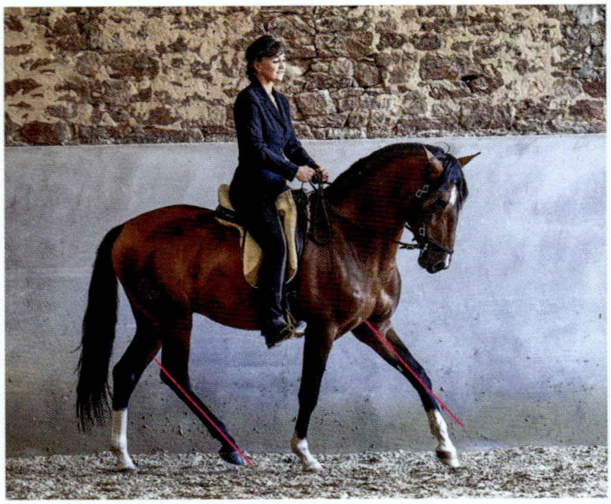

Lusitano Magusto, 5-jährig: Magusto hatte beim Anreiten in Portugal einen schlechten Start und ließ sich zunächst kaum reiten. Nach 3 Monaten bei Sonja Weber zeigt er sich noch auf der Vorhand und etwas eng im Hals. Dabei wirkt er noch unsicher.

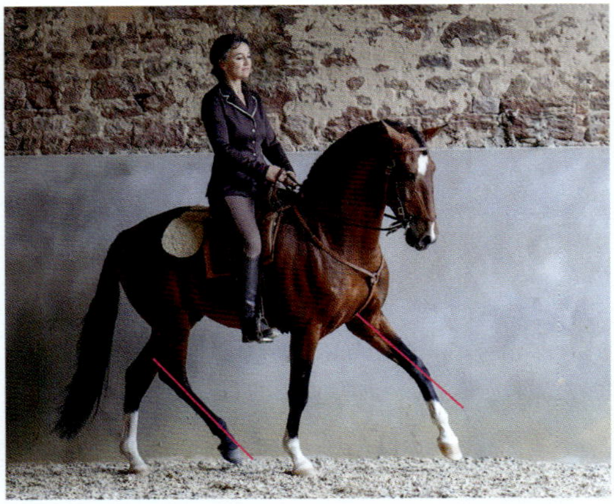

Lusitano Magusto, 6-jährig: Ein Jahr später zeigt Magusto Balance, Kraft und Aufrichtung. Sein Rumpf ist ansteigend, die Hinterhand gesenkt, die Schultern angehoben, der Hals ist über den Schultern und das Genick ist der höchste Punkt. Seine Ausstrahlung ist stolz und von Energie strotzend.

Die rosa Linien weisen auf die Parallelität der Beinpaare hin, was ein Zeichen für eine korrekte Trabbewegung ist. Der Winkel hat sich mit dem Fortschritt verändert, weil sich Magusto ausdrucksvoller bewegen kann, unter Beibehaltung der Parallelität.

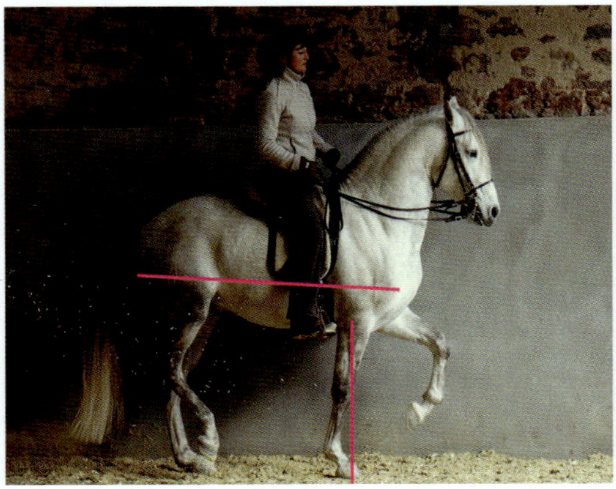

Lusitano Finito, 7-jährig: Die Ausführung der Piaffe zeigt, dass er seinen Rumpf noch nicht aufrichten kann. Deshalb ist das Vorderbein noch rückständig. Ein Unterhals ist noch zu erkennen, was aufzeigt, dass die Halsbasis noch nicht korrekt angehoben werden kann. Sein Knie weicht noch seitlich vom Körper aus.

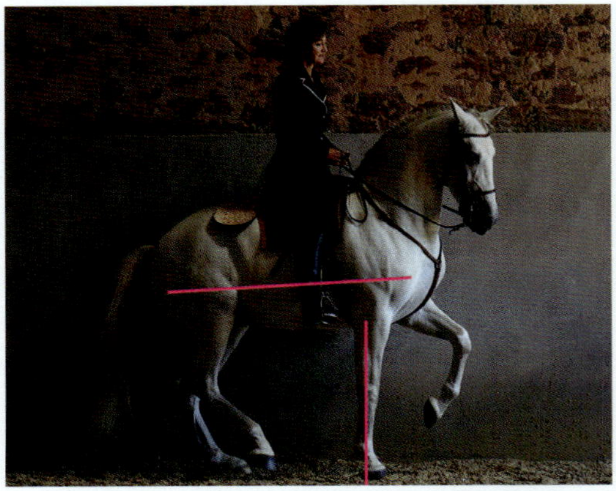

Lusitano Finito, 11 jährig: Die Piaffe ist zur Perfektion entwickelt und zeigt, dass er sich aufrichten und seine Hanken beugen kann. Sein Hals ist perfekt über den schrägen Schultern platziert. Sein Knie weicht nicht mehr aus, sondern ist körpernah gebeugt.

Die rosa Linien zeigen, in welchem Winkel sich jeweils Rumpf und stützendes Vorderbein befinden.

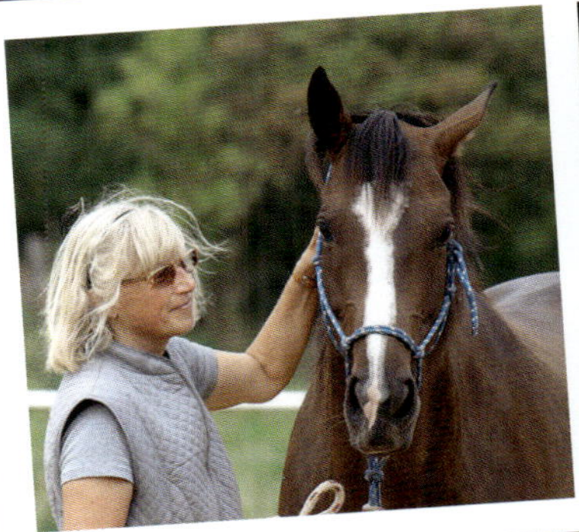

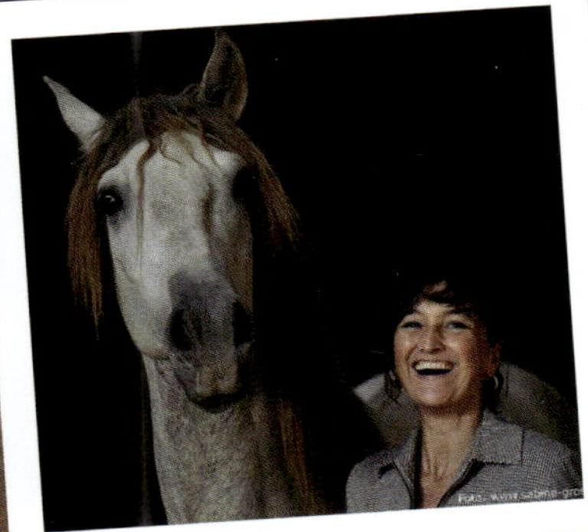

Kerstin Diacont

Kerstin Diacont widmet sich seit 40 Jahren der ganzheitlichen Ausbildung von Pferd und Reiter. Sie nutzt dabei Know-how aus verschiedenen Reitweisen, aus anderen Sportarten, aus der Körper- und Energiearbeit sowie aus dem mentalen Training.
In vielen Büchern stellt sie ihre Ideen für ein harmonisches Miteinander von Mensch und Pferd sowie für ein klares Unterrichtskonzept vor. Grundidee ist dabei die Vorstellung von Mensch und Pferd als ein geschlossenes System in Bewegung, das vom Menschen gesteuert und vom Pferd mit Energie versorgt wird. Gleichgewicht, Losgelassenheit, Bewegungsfreiheit und Stabilität sind dabei die Schlüsselbegriffe für das gesamte System.
www.facebook.com/kerstin.diacont

Sonja Weber

Sonja Weber bildet seit über 20 Jahren hauptberuflich bei Frankfurt am Main (Hessen) Pferde und Reiter in der Tradition der »Légerèté« aus. Sie lernte bei Lehrern wie zum Beispiel Marc de Broissia, Philippe Karl sowie Manuel Jorge de Oliveira.
Sie ist Diplom-Biologin mit Fachrichtung Pferdeverhalten und als Autorin in Pferdefachmagazinen tätig. Gemeinsam mit Dr. Sinja Guth gibt sie Seminare, in denen sie über die Gesunderhaltung der Pferde durch geeignete Ausbildung referiert. Außerdem hat sie einen Master of Arts in Coaching, Supervision und Organisationsentwicklung. Dies qualifiziert sie zu pferdegestütztem Führungskräftetraining: www.equidialog.de
Webseite: www.sonja-weber-reitkunst.de
Facebook: Sonja Weber Reitkunst

Die Reitschule

Die erfolgreiche **Ratgeberreihe**
für alle Reiter und Pferdefans

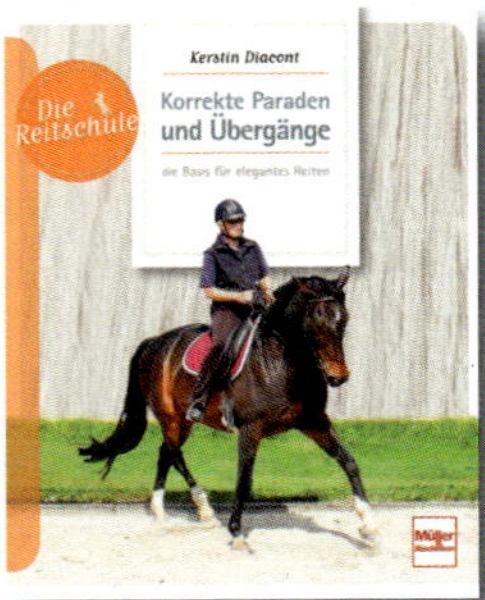

Kerstin Diacont
Korrekte Paraden und Übergänge
ISBN 978-3-275-02184-0

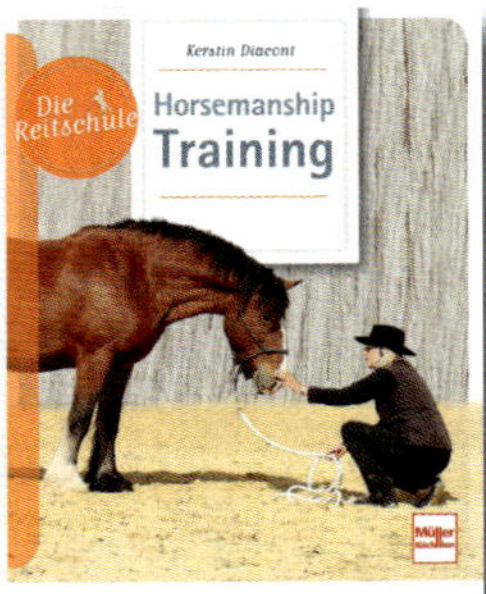

Kerstin Diacont
Horsemanship-Training
ISBN 978-3-275-02058-4

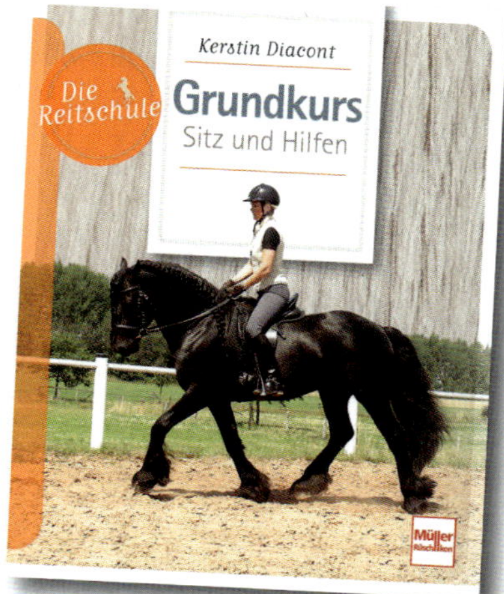

Kerstin Diacont
Grundkurs Sitz und Hilfen
ISBN 978-3-275-02147-5

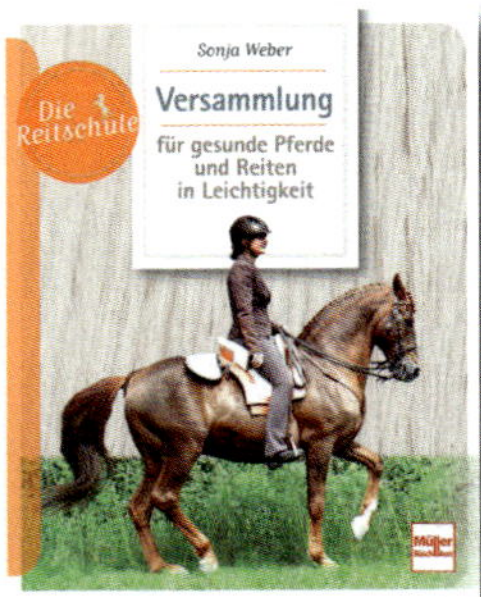

Sonja Weber
Versammlung für gesunde Pferde und Reiten in Leichtigkeit
ISBN 978-3-275-02155-0

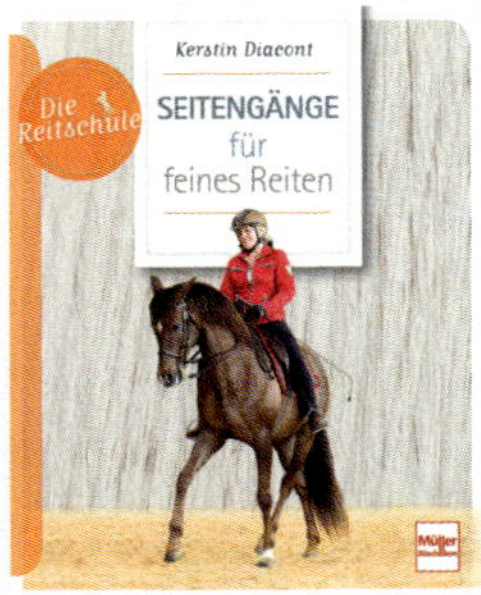

Kerstin Diacont
Seitengänge für feines Reiten
ISBN 978-3-275-02137-6

Jedes Buch mit 96 Seiten
ca. 80 Abb., broschiert
ab € 11,95 / € (A) 12,40

Änderungen in Preis und Lieferfähigkeit vorbehalten.

Überall, wo es Bücher gibt oder
www.mueller-rueschlikon.de
Service-Hotline: 0711-78 992 151

Müller Rüschlikon